# 매일 입고 싶은 내추럴한 옷 2

"FU-KO basics. KIGOKOCHI NO YOI, KURASHI NO FUKO" by Mayumi Minowa(NV80576)
Copyright ⓒ Mayumi Minowa/ NIHON VOGUE-SHA 2018
All rights reserved.
First published in Japan in 2018 by NIHON VOGUE Corp.
photographer : Yukari Shirai, Noriaki Moriya
Illustration : Fumi Koike
This Korean edition is published by arrangement with NIHON VOGUE Corp., Tokyo
in care of Tuttle-Mori Agency, Inc., Tokyo through Botong Agency, Seoul

이 책의 한국어판 저작원은 Botong Agency를 통한 저작권자와의 독점 계약으로 즐거운상상이 소유합니다.
신 저작권법에 의하여 한국 내에서 보호를 받는 저작물이므로 무단전재와 무단복제를 금합니다.
이 책에 게재된 작품 및 복제 작품을 판매하는 것을 금지합니다. 개인적인 용도로 이용해주세요.

**매일 입고 싶은 내추럴한 옷 2**

1판 1쇄 인쇄 2019년 9월 21일
1판 1쇄 발행 2019년 9월 25일

지은이 _ FU-KO basics, 미노와 마유미
옮긴이 _ 남궁가윤
펴낸이 _ 정원정, 김자영
편집 _ 홍현숙
디자인 _ 김민정

펴낸곳 _ 즐거운상상
주소 _ 서울시 중구 충무로 13 엘크루메트로시티 1811호
전화 _ 02-706-9452 팩스 _ 02-706-9458
전자우편 _ happywitches@naver.com
페이스북 _ @happydreampub
출판등록 _ 2001년 5월 7일
인쇄 _ 천일문화사

ISBN 979-11-5536-137-5 (13630)

* 이 책의 모든 글과 그림, 사진, 디자인을 무단으로 복사, 복제, 전재하는 것은 저작권법에 위배됩니다.
* 잘못 만들어진 책은 서점에서 교환하여 드립니다.
* 책값은 뒤표지에 있습니다.

쉽게 만들어 입는 옷

# 매일 입고 싶은 내추럴한 옷 2

즐거운상상

# contents

**허리 절개 주름 원피스**
(일반 소매, 퍼프 소매)

P. 6
How To Make P.46

**보트넥 블라우스**
(긴 소매, 7부 소매)

P. 8
How To Make P.52

**스탠드칼라 셔츠원피스**

P. 10
How To Make P.54

**캐미솔 원피스**

P. 12
How To Make P.58

**심플 코트**

P. 14
How To Make P.60

**매일 입는 풀오버**

P. 16
How To Make P.64

**매일 입는 풀오버 | 롤업 소매**

P. 18
How To Make P.66

**매일 입는 풀오버 | 퍼프 소매**

P. 19
How To Make P.66

**프렌지 소매 자루 블라우스와 원피스**

P. 20
How To Make P.62

통바지  
P. 22  
How To Make P. 67

통바지 | 멜빵 스타일  
P. 24  
How To Make P. 69

통바지 | 드로어즈 스타일  
P. 25  
How To Make P. 71

종이접기식 원피스  
P. 28  
How To Make P. 72

빅포켓 사루엘 바지  
P. 30  
How To Make P. 74

사다리꼴 티셔츠  
P. 32  
How To Make P. 76

가는 끈 멜빵바지  
P. 34  
How To Make P. 78

주름 블라우스  
P. 36  
How To Make P. 80

카슈쾨르 로브  
P. 38  
How To Make P. 82

간단 볼레로  
P. 40  
How To Make P. 57

아이와 세트로 입기 　　　　　　　　　　　　　P. 42  
Info 1 옷을 고르는 7가지 요령 　　　　　　　　　P. 26  
Info 2 '내 손으로 만들기'가 가르쳐 준 것 　　　　P. 43  
Info 3 일상복 코디네이션 | 여러 사람의 옷차림 　P. 44  
사진으로 보는 LESSON : 허리 절개 주름 원피스 만들기 　P. 46  
옷을 만들기 전에 　　　　　　　　　　　　　　P. 50

※ 실물 크기 옷본 별첨

※ 이 책에 실린 작품을 복제하여 판매하는 것을 금지합니다.  
　개인적으로 만드는 용도로만 이용해 주세요.

## [ 허리 절개 주름 원피스 ] (일반 소매, 퍼프 소매)

품은 넉넉하지만 적당한 위치에 절개선을 넣어 날씬해 보이는 원피스입니다.
안에 알맞게 옷을 받쳐 입으면 일 년 내내 입을 수 있지요.
심플한 일반 소매와 봉긋한 퍼프 소매를 취향에 따라 만들어 보세요.

HOW TO MAKE P.46 (사진으로 과정 설명)

7부 소매라서 초봄부터 여름까지 입을 수 있어요.

[ 보트넥 블라우스 ] (긴 소매, 7부 소매)

목둘레가 적당하게 파여서 안에 받쳐 입지 않아도 좋은 블라우스입니다.
앞판보다 긴 뒤판, 시선을 위로 가게 하여 날씬해 보이는 효과가 있는
작은 가슴주머니, 악센트가 되는 옆선의 삼각천 등
구석구석 신경 써서 만들었답니다.
밑단 곡선은 조금 공을 들이면 깔끔하게 마무리할 수 있어요.

HOW TO MAKE P.52

[ 스탠드칼라 셔츠원피스 ]

어깨가 내려온 디자인과 스탠드칼라로 단순하지만 세련된 느낌을 주는
셔츠원피스입니다. 뒤판에는 넉넉하게 입을 수 있도록 접박기를 넣었어요.
소맷부리는 커프스를 달고 트임을 준 디자인입니다.
비스듬하게 단 큼직한 가슴주머니도 마음에 들어요.

HOW TO MAKE P.54

[ 캐미솔 원피스 ]

보통 캐미솔 원피스는 귀여운 느낌이지만
이 원피스는 가슴둘레를 꼭 맞게 하고 밑단으로 내려갈수록 넓어지면서
아래로 툭 떨어지는 디자인이라 어른스러운 분위기로 입을 수 있어요.
뒤판의 안단에 고무줄을 넣어서 편안하게 맞는 옷입니다.

★ 이 작품은 아이 옷도 있습니다. → P.42

HOW TO MAKE P.58

## [ 심플 코트 ]

옷깃에서 밑단까지 일직선으로 이어지는 라인이 특징인
심플한 코트겸 카디건입니다.
어깨를 감싼 앞판을 뒤에서 겹쳐서 마무리했습니다.
삼각 트임을 넣은 뒷모습이 귀여워요.
정성껏 고른 단추로 악센트를 주었답니다.

★ 이 작품은 아이 옷도 있습니다. → P.42
★ 함께 입은 옷은 통바지(다른 색)입니다. → P.22

HOW TO MAKE P.60

## [ 매일 입는 풀오버 ]

기본 스타일 풀오버는 매일 입어도 지겹지 않아요.
몸판은 같고 소매 모양은 다르게 만들어 봤습니다.
커프스 소매, 롤업 소매, 퍼프 소매는 모두 쉽게 질리지 않는 디자인이니
민무늬 옷감이나 무늬 있는 옷감으로 여러 벌 만들면 좋아요.

HOW TO MAKE P.64

[ 매일 입는 풀오버 | 롤업 소매 ]

롤업 폭을 넉넉하게 접는 디자인이라서 밖으로 나오는
소매 옆선 시접이 깔끔해 보이도록 통솔로 처리했습니다.
조금 힘 있는 옷감으로 만들면 단정한 느낌이 나지요.

HOW TO MAKE P.66

## [ 매일 입는 풀오버 | 퍼프 소매 ]

봉긋하게 주름이 잡힌 소매에 넓은 커프스를 달았어요.
귀여운 느낌으로도 입을 수 있고
격식을 차려야 하는 자리에도 어울리는 디자인입니다.

HOW TO MAKE P.66

[ 프렌치 소매 자루 블라우스와 원피스 ]

자루 같은 실루엣 옷을 입으면 몸의 라인을 살짝만 드러내며
여성스러운 코쿤 실루엣이 됩니다.
가슴선에 넣은 접박기와 삼각형으로 만든 슬릿이 포인트가 되어 주지요.
블라우스로도 원피스로도 좋은 디자인입니다.

HOW TO MAKE P.62

[ 통바지 ]

허리둘레는 몸에 잘 맞지만 전체 라인은 적당히 풍성했으면…….
복잡한 요구를 잘 소화해 낸 절묘한 라인의 바지입니다.
만드는 법은 같지만 주머니 모양이나 부분 디자인에 살짝 변화를 주었습니다.

HOW TO MAKE P.67

[ 통바지 | 멜빵 스타일 ]

통바지에 멜빵을 달았습니다.
뒷주머니는 간단한 모양으로 산뜻한 느낌을 살렸어요.
물론 멜빵 없이도 입을 수 있어요.

HOW TO MAKE P.69

[ 통바지 | 드로어즈 스타일 ]

주머니를 달지 않고 만드는 간단한 바지예요.
밑단에 고무줄을 박아서 프릴을 잡았습니다.
이 바지를 입을 때는 윗옷을 단순한 스타일로 고르는 것이
제가 좋아하는 코디네이션이랍니다.

HOW TO MAKE P.71

# 옷을 고르는 7가지 요령

십대와 이십대 때는 그때그때 내키는 대로 옷을 입었지만, 옷을 직접 만들기 시작하니 패션을 대하는 태도, 옷 고르는 법 자체가 점점 변했습니다. 여러 번 실패를 경험한 끝에 알게 된 저의 '옷 고르는 7가지 요령'를 소개합니다.

## 1 사기 전에 반드시 입어 본다.

제 옷장에는 직접 만든 옷이 많지만, '이거다!' 싶은 옷이 눈에 띄면 기성복도 구입하지요. 그때 가장 중요하게 여기는 점은 입었을 때의 느낌입니다. 티셔츠 한 벌이라도 귀찮게 생각하지 말고 꼭 입어 본 뒤에 삽니다. 입어 볼 때의 포인트를 몇 가지 들어 볼까요. 우선 윗옷은 목둘레가 지나치게 파이지 않을 것, 그리고 어깨선이 몸에 잘 맞는지 확인합니다. 바지는 골반을 조이지 않으면서 몸의 선을 따라 잘 맞는지를 확인하지요. 몸의 라인이 지나치게 드러나지 않아야 하고, 옷감도 싸구려 느낌이 나지 않고 느낌이 좋은 것을 고릅니다. 마지막으로 신발까지 신고 전체 균형을 확인합니다.

## 2 숫자가 아니라 실제 느낌을 중요시한다.

기성복을 구입할 때는 치수 표기 같은 숫자보다 '나에게 잘 맞는지' 실제 느낌을 중시하여 고릅니다. 표기 치수는 어디까지나 기준입니다. 브랜드마다 채택하고 있는 신체 치수가 미묘하게 다르니까요. 디자인에 따라서는 치수에 상관없이 살짝 작아 보이거나 오버사이즈를 고르기도 합니다. 입고 있는 옷이 자신에게 잘 맞으면 자연스럽게 릴랙스할 수 있고 어떤 때라도 자신다움을 잃지 않지요. 최근에는 많은 사람 앞에서 이야기할 기회가 늘었는데, 긴장되는 자리에서도 몸에 익숙한 옷을 입으면 마음이 차분해집니다.

## 3 신발에서부터 코디네이션을 생각한다.

그 옷이 '나에게 맞는 디자인인지 아닌지'를 판단할 때는 평소에 신는 신발과 어울리는지가 중요합니다. 제가 10년 가까이 애용하는 브랜드의 신발 중 어느 하나에 잘 어울리면 제가 가지고 있는 다른 아이템하고도 신기하게 잘 어울리더군요. 저는 마음에 드는 신발 한 켤레를 발견하면 다른 색으로도 삽니다. 이 세상에 디자인이 멋진 신발은 무수히 많지만, 신은 느낌도 디자인도 완전히 마음에 드는 신발과 만나기는 쉽지 않거든요. 여러 켤레가 있으면 돌아가며 신을 수 있어서 좋아요.

## 4 사진으로 코디네이션을 확인한다.

옷을 입고 밖에 나가기 전에 사진을 찍어서 옷차림의 전체적인 균형을 확인합니다. 머릿속에서는 제대로 코디했다고 생각해도 실제로 옷을 입고 사진을 찍어 보면 더 객관적인 눈으로 관찰할 수 있고 미처 몰랐던 점이 보이기도 합니다. '소매를 좀 더 걷는 게 낫겠는데', '티셔츠 밑단을 바지 속에 넣어서 살짝 하이웨이스트 느낌으로 입어 보자.' 등. 소소한 부분이지만 더 즐거워지는 멋내기 포인트를 찾을 수 있답니다.

## 5 가격은 신경 쓰지 않는다.

너무 싸거나 비싼 가게에는 가지 않습니다. 그 정도로 비싼 브랜드에는 흥미가 없기도 하지만, 가격으로 그 물건의 가치를 결정하고 싶지 않기 때문입니다. 저는 '가격'이라는 가치가 아니라 '그 옷 자체'의 가치를 느끼고 싶습니다. 확실히 정성껏 만든 물건은 그 나름대로 가격이 붙는 법이지요. 하지만 사용하는 사람에게 그에 상응하는 가치를 돌려주리라고 생각합니다.

## 6 세일할 때는 가지 않는다.

세일 상품을 사지 않을 것도 항상 명심하는 점 중 하나입니다. 별로 원하지도 않던 물건을 사고 마니까요(웃음). 분위기에 휩쓸리기 쉬운 타입이거든요. 나도 모르게 집어 들고 돌아온 옷은 나중에 다시 보면, 이거 별로 끌리지도 않았는데, 하고 반성하는 일이 종종 생깁니다. 그런 경험을 여러 번 한 것을 계기로, 차분하게 판단하고 구입하려고 마음먹고 세일에는 발을 끊었습니다.

## 7 나다운 옷차림으로 축하한다.

'예복'은 문상용 이외에는 일부러 갖춰 두지는 않습니다. 격식을 차려야 하는 자리나 축하 자리 등에는 되도록 가지고 있는 옷 중에서 잘 조합하여 입고, 만일 어렵다면 대여 서비스를 이용합니다. 축하 자리에서 중요한 것은 옷차림이 아니라 '진심으로 축하하는' 마음이니까요. 물론 실례가 되지 않도록 어느 정도 단정할 필요는 있겠지만, 나다운 옷차림으로 가야 '축하'의 마음도 더욱 잘 전해지지 않을까요. 일상에서 잘 입지 않는 옷을 옷장 속에 쌓아 두지 않기만 해도 기분이 개운해지고요.

코디할 때는 천연 소재 소품을 하나 곁들입니다. 소재 자체의 색으로 된 물건을 몸에 지니면 전체적으로 차분해지고 나다운 옷차림이라는 느낌이 들어요.

## [ 종이접기식 원피스 ]

직선재단만으로 만드는 원피스예요. 넉넉한 실루엣을 폭 넓은
허리띠로 묶어서 어른스러운 분위기로 마무리했습니다.
이 원피스는 한 벌만 입거나 다른 옷과 겹쳐 입어도 좋고,
바지를 받쳐 입으면 또 다른 분위기로 변하지요.
어떤 연령대에도 잘 어울리는 아이템이랍니다.

HOW TO MAKE P.72

저와 친구가 입은 종이접기식 원피스는 옷감만 다릅니다. 입는 사람에 따라 느낌이 달라지는 것도 옷 입기의 즐거움이에요.

## [ 빅포켓 사루엘 바지 ]

옆감과 가운뎃감으로 만드는 풍성하고 개성적인 형태의 사루엘 바지입니다. 맵시 있게 입기가 어려워 보이지만 실제로 입어 보면 의외로 어느 옷하고나 잘 어울리고 세련되어 보인답니다.
여름철에 편히 입기에 아주 좋아요.

HOW TO MAKE P.74

## [ 사다리꼴 티셔츠 ]

넉넉한 돌먼 실루엣에 통이 좁은 소매가 보기 좋게 균형을 이룹니다.
어깨에 경사를 주어서 목둘레가 보틀넥 스타일처럼 조금 올라오도록 디자인했습니다.
신축성이 너무 심하지 않은 니트 옷감으로 만들면 좋습니다.

★ 이 작품은 아이 옷도 있습니다. → P.42

HOW TO MAKE P.76

## [ 가는 끈 멜빵바지 ]

가는 어깨끈을 허리의 아일릿에 끼워 앞에서 묶어서 입는 디자인입니다. 끈을 조이면 허리 치수를 자유롭게 조절할 수 있어서 체형 변화에 맞춰 가며 입을 수 있어요.

★ 함께 입은 옷은 매일 입는 풀오버 롤업 소매입니다. → P.18

HOW TO MAKE P.78

이웃 친구의 임신복으로도 사랑받고 있지요.
출산 후에도 계속 입을 수 있는 디자인이에요.

## [ 주름 블라우스 ]

목둘레와 소맷부리에 풍성하게 잔주름을 잡은 블라우스입니다.
스탠드칼라와 V자 트임, 뒤판이 더 긴 실루엣이 절묘하게 균형을 이뤘어요.
소맷부리 주름 분량은 취향에 따라 전체 균형을 살피며 조절해도 좋습니다.

★ 함께 입은 옷은 통바지(다른 색)입니다. → P.22

HOW TO MAKE P.80

## [ 카슈쾨르 로브 ]

폭이 좁은 스탠드칼라가 포인트인 카슈쾨르 로브입니다.
래글런 소매라서 움직이기도 편해요.
끈을 묶어서 입어도 되고, 앞을 열어서 걸치면
드레이프가 아름답고 성숙한 차림이 완성됩니다.

★ 함께 입은 옷은 주름 블라우스입니다. → P.36

HOW TO MAKE P.82

### 겨울 옷차림

조금 두꺼운 옷감으로 만들면
초겨울 겉옷으로도 좋아요.
원피스 위에 입어도 예쁘지요.

★ 함께 입은 옷은 허리 절개 주름 원피스(다른 색)입니다. → P.6

## 〔 간단 볼레로 〕

간단하게 만들 수 있으면서 입은 느낌도 편하고
세련되어 보이는 볼레로입니다.
단순한 옷인 만큼 옷감은 소재와 질감이 좋은 것으로 골랐어요.
살짝 주름진 거즈나 축 늘어지는 리넨 거즈 등도
추천할 만한 소재입니다.
앞이 뒤로 가게 걸치면 수유 덮개로 사용할 수도 있어요.

★ 함께 입은 옷은 빅포켓 사루엘 바지입니다. →P.30

HOW TO MAKE P.57

**겨울 옷차림**

겨울에는 고급스러운 울 저지나
부클레 니트 등으로 만들어도 예쁘답니다.

★ 함께 입은 옷은 매일 입는 풀오버(다른 색)입니다. →P.16

# 아이와 세트로 입기

어른과 같은 디자인을 아이에게 맞는 치수로도 만들어 보세요.

[ 심플 코트 ]

얼른 입을 수 있어서 편리한 코트예요.
만드는 법도 간단해서 부담 없이 도전할 수 있어요.

HOW TO MAKE P.60

[ 사다리꼴 티셔츠 ]

밖에 나가 놀 때 날마다 입을 수 있는 편한 티셔츠입니다.
다양한 색이나 무늬로 여러 벌 만들어 보세요.

HOW TO MAKE P.76

[ 캐미솔 원피스 ]

몸에 붙지 않는 편한 옷이라
여름에 아주 좋아요.
어깨끈을 교차시켰기 때문에
잘 흘러내리지 않아서 편해요.

HOW TO MAKE P.58

## Info 2 '내 손으로 만들기'가 가르쳐 준 것

손에 집히는 대로 옷을 사던 젊은 시절에 비하면 지금 제가 쓰는 옷장은 당시의 3분의 1 정도 크기입니다. 하지만 마음이 더 여유로워지고 적극적으로 멋내기를 즐길 수 있게 된 것은 '내 손으로 만들기'를 통해 많은 것을 깨달았기 때문입니다.

그전까지는 '얼마나 편한지'보다 '멋쟁이로 보이고 싶다.', '차려 입은 모습으로 보이고 싶다.' 같은 이유로 깊이 생각하지 않고 계속 옷을 골랐습니다. 쑥스러워서 사기 전에 제대로 입어 보지도 않고 충동구매를 하거나, 유행이나 싼 가격이라는 이유로 부담 없이 사기도 했습니다. 그 결과, 옷장에는 한두 번 입는 둥 마는 둥하고 묵혀 둔 옷이 꽉 차 있었지요.

옷을 만들다 보면 때로 실패하기도 합니다. 그러나 실패도 경험의 하나지요. 경험을 거듭하는 사이에 점점 중요한 점을 알아 갑니다. 또 옷을 만들어 보면 옷 한 벌이 완성될 때까지 얼마나 많은 과정을 거치는지도 깨닫지요. 어떤 옷이든 한정된 자원을 사용하여 만들어지는 법. 내가 옷 만드는 사람이 되고 옷 한 벌이 완성되는 과정을 상상할 수 있게 되어서야 비로소 '오랫동안 애착을 가지고 입을 수 있는 옷을 고르자.'는 생각을 하게 되었습니다.

내 손으로 만들면 소재와 마주하기 위해 오감을 사용합니다. 멋내기뿐 아니라 육아든 요리든 일상의 모든 일을 하는 데 있어서 오감을 사용하려고 애씁니다. 뭔가 이상하다거나 납득이 가지 않을 때는 거짓이 있거나 알맹이가 없는 등 분명히 이유가 있는 법이지요. 하지만 정직한 공정으로 성실하게 만들어진 물건을 대하면 마음이 편해집니다. 정보에 휘둘리지 말고 자신의 감각을 믿고 고르면 오래 아낄 수 있는 것이 남는답니다.

직접 만드는 옷은 디자인을 단순하게 합니다. 소재는 되도록 정성껏 만들어진 것을 고르지요. 입을 때마다 몸에 길들어 가는 고급 옷감, 햇빛에 말리거나 옷감에 부담을 주지 않는 방법으로 처리된 자연 소재의 옷감을 고르려고 해요. 그런 옷감은 물론 그만큼 가격이 나갑니다. 거리에 나가면 싸고 멋진 옷을 많이 팔고 있으니 어쩌면 옷감 가격만으로 그와 비슷한 가격의 옷을 살 수

도 있겠지요. 하지만 시중에서 파는 옷은 여러 번 빨수록 가치가 떨어지는 데 반해, 제가 만든 옷은 빨면 빨수록 보드라워지는 질감이 사랑스러워서 가치도 올라가는 느낌이 든답니다.

아끼는 옷을 입으면 하루를 즐겁게 지낼 수 있을 듯한 기분이 들지요.

| Info 3 | **일상복 코디네이션** |
|---|---|

이 책의 옷본으로 만든 제 일상복 코디네이션을 소개합니다. 옷감이 달라지면 인상 또한 확 달라지는 것이 옷을 만드는 즐거움 중 하나지요. 마음에 드는 옷감을 앞에 놓고 상상의 나래를 펼쳐 보세요.

### 1
**여름 휴가철의 짧은 여행**

P.21 자루 원피스를 면마 선염 줄무늬 옷감으로 만들었어요. 눈에 확 띄는 무늬가 여행 기분을 한층 돋워 주죠. 큼직한 카고백과 걷기 편한 흰색 사보 슈즈를 골라 봤어요.

### 2
**친구 가족과 식물원에 갈 때**

P.36 주름 블라우스에 청바지를 조합하여 캐주얼한 느낌을 살렸어요. 스카프는 예쁜 색깔의 면마 거즈를 네모나게 잘라서 가장자리만 박아서 만들었어요.

### 3
**친한 친구들과 저녁 식사**

P.16 매일 입는 풀오버를 하프리넨으로 만든 외출복입니다. 캐멀×오프화이트의 조합이 산뜻하고 우아한 느낌을 줍니다. 클러치 백으로 여성스러운 느낌을 살짝 더했어요.

### 4
**어린이집 참관일**

P.32 사다리꼴 티셔츠를 가로줄무늬 니트로 만들었습니다. 유행을 타지 않는 줄무늬 옷이지만 개성적인 디자인이라 돋보인답니다. 빨강 미니 백으로 포인트를 주었어요.

### 5
**나들이 갈 때**

P.38 카슈쾨르 로브와 P.16 매일 입는 풀오버(롤업 소매), P.22 통바지(멜빵 스타일)를 함께 입었어요. 초가을 여가 활동에 딱 맞는 차림이죠.

## 여러 사람의 옷차림

이 책에 실린 작품을 각자 마음에 드는 원단으로 만들어서 입은 모습입니다.

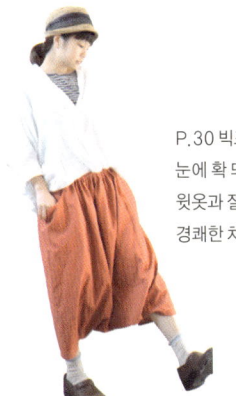

P.30 빅포켓 사루엘 바지. 눈에 확 띄는 붉은 색이지만 윗옷과 절묘하게 균형을 이룬 경쾌한 차림새입니다.

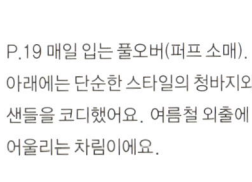

P.19 매일 입는 풀오버(퍼프 소매). 아래에는 단순한 스타일의 청바지와 샌들을 코디했어요. 여름철 외출에 어울리는 차림이에요.

### 6
장보러 갈 때

P.25 통바지(드로어즈 스타일). 집 근처에 장보러 갈 때 입는 옷이에요. 돌아오는 길에 공원에 들를 때도 있어서 움직이기 편한 스타일을 골랐어요.

### 7
가을 기획전을 보러 미술관으로

P.6 허리 절개 주름 원피스를 리넨 플랙스로 만들었어요. 체크무늬 스툴과 카고백을 코디하여 원피스 스타일을 즐겨 보세요.

### 8
카페에서 업무 회의

P.30 빅포켓 사루엘 바지를 인디고 리넨 거즈로 만들었어요. 전체를 차분한 톤으로 통일하면 사루엘 바지라도 어른스러운 분위기로 입을 수 있어요. 일에 집중할 수 있는 차림새지요.

P.28 종이접기식 원피스. 무늬 있는 옷감으로 만들면 캐주얼한 느낌이 한층 살아나요. 세련된 평상복으로 입기 딱 좋답니다.

# LESSON 허리 절개 주름 원피스 만들기

PHOTO P.6 P.7

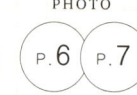

## 재료(S/M/L/LL)

▶ 일반 소매
고밀도 벨기에산 프리미어 리넨(오프화이트)
110cm 폭×330/330/340/340cm

▶ 퍼프 소매
샴브레이 벨기에산 프리미어 리넨(검정)
112cm 폭×340/350/350/360cm

공통 : 1cm 폭 늘어남 방지 테이프 40cm

## 실물 크기 옷본

1면【1】 1-앞판, 2-뒤판, 3-소매(일반 소매), 4-소매(퍼프소매)
3면【8】 1-공통 주머니

## 완성 치수(S/M/L/LL)

가슴둘레 104/108/112/116cm
전체 길이 112.5/115/117/119cm

## 옷감을 마름질하는 법

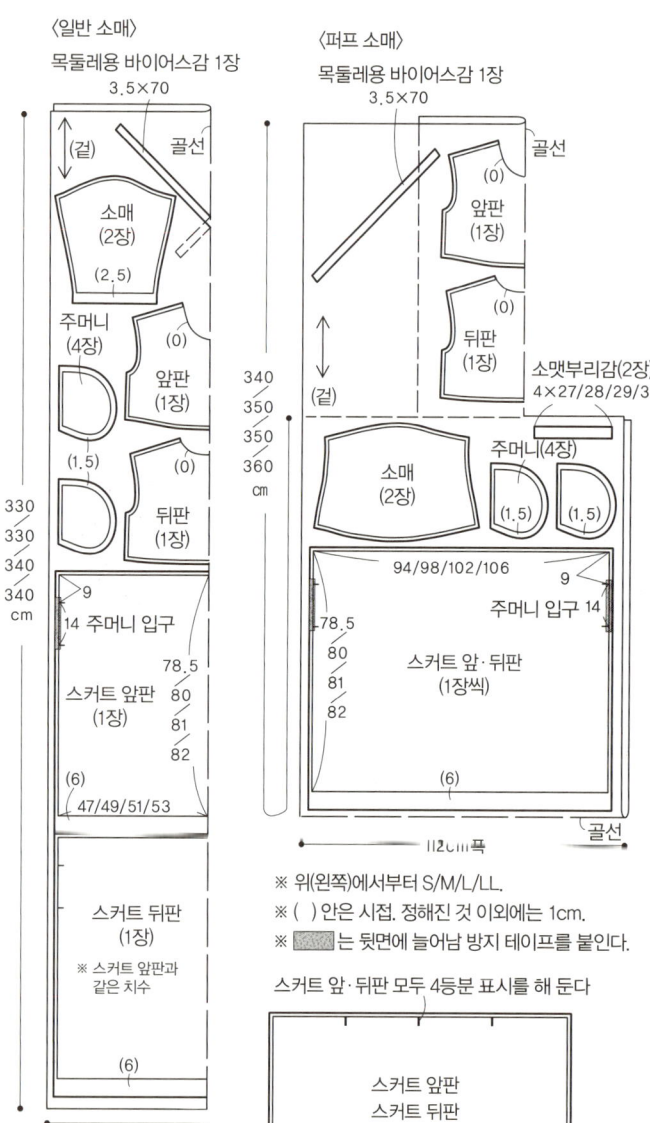

※ 위(왼쪽)에서부터 S/M/L/LL.
※ ( )안은 시접. 정해진 것 이외에는 1cm.
※ ▨ 는 뒷면에 늘어남 방지 테이프를 붙인다.

스커트 앞·뒤판 모두 4등분 표시를 해 둔다

### 준비 작업

**밑단, 소맷부리를 다려서 접는다**

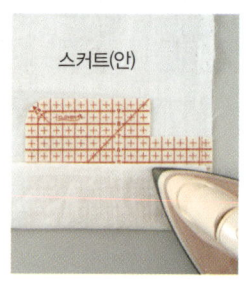

밑단은 1→5cm로 2번, 소맷부리는 1→1.5cm로 2번(일반 소매만) 다려서 접는다.

[다림질용 시접자]
밑단을 접어 올릴 때나 2번 접어서 박을 때처럼 옷감 접기를 빠르고 간단하게 할 수 있다.

**바이어스감, 소맷부리감을 다려서 접는다**

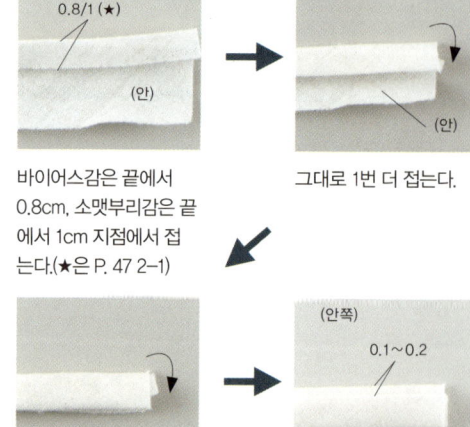

바이어스감은 끝에서 0.8cm, 소맷부리감은 끝에서 1cm 지점에서 접는다.(★은 P. 47 2-1)

그대로 1번 더 접는다.

마지막으로 1번 더 접는다.

0.1~0.2cm 정도 차이가 나도록 접으면, 나중에 처리했을 때 솔기를 잘라내지 않아도 깔끔하게 마무리할 수 있다.

## 1 어깨선을 박는다

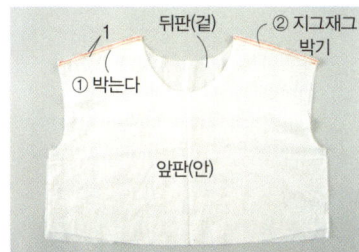

1 앞판과 뒤판을 겉끼리 맞대고 어깨선을 시접 1cm로 박는다. 시접은 2장을 같이 지그재그로 박는다.

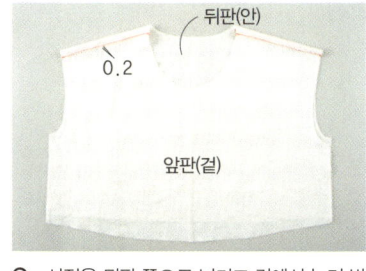

2 시접을 뒤판 쪽으로 넘기고 겉에서 눌러 박는다.

## 2 목둘레선을 처리한다

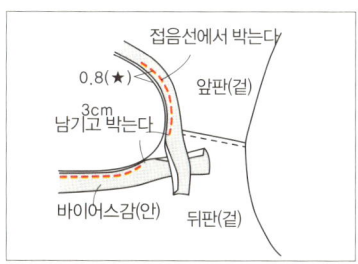

1 바이어스감과 몸판을 겉끼리 맞대고, 0.8cm쪽 접음선에서 박는다. 뒤판 쪽 목둘레선을 3cm 정도 남기고 박는다.

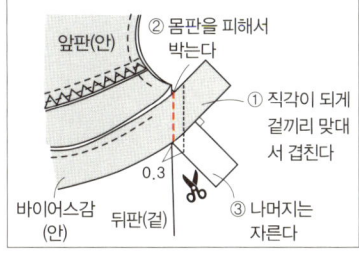

2 바이어스감이 직각이 되도록 겉끼리 맞대서 겹치고 몸판을 피해서 박는다. 0.3cm 남기고 나머지는 자른다.

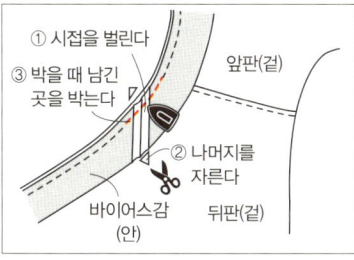

3 시접을 다려서 벌리고 나머지를 자른다. 1에서 박을 때 남겼던 부분을 박는다.

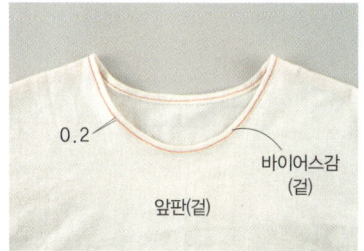

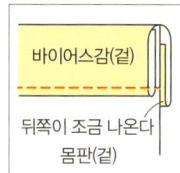

4 바이어스감으로 옷감 가장자리를 싸서 겉에서 박는다.

## 3 소매를 단다

〈일반 소매〉

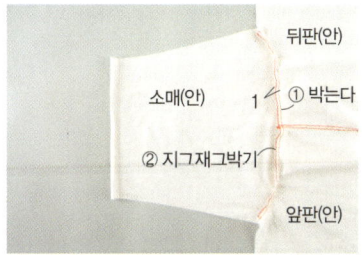

1 몸판과 소매를 겉끼리 맞대고 시접 1cm로 박는다. 시접은 2장을 같이 지그재그로 박는다.

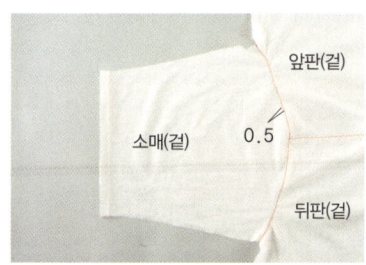

2 시접을 몸판 쪽으로 넘기고 겉에서 눌러 박는다.

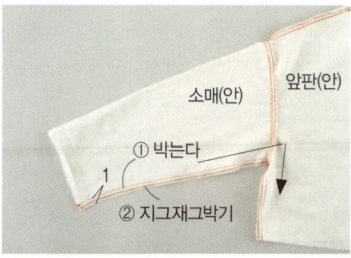

3 앞판과 뒤판을 겉끼리 맞대고 소매 옆선에서부터 몸판 옆선까지 시접 1cm로 박는다. 시접은 2장을 같이 지그재그로 박아서 뒤판 쪽으로 넘긴다.

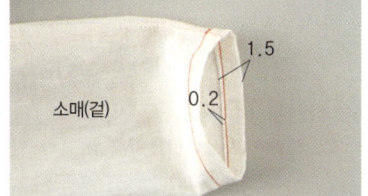

4 소맷부리를 완성선에서 접어서 박는다. 박을 때는 사진처럼 겉으로 뒤집어서 소매 안쪽을 보며 박으면 편하다.

〈퍼프 소매〉

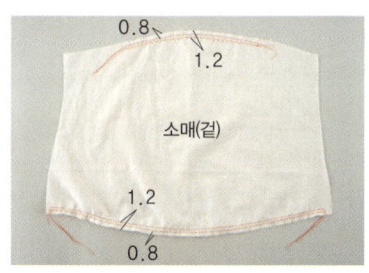

1 소매마루는 맞춤표시 사이에, 소맷부리는 끝에서 다른 쪽 끝까지(시접 제외) 각각 큰 땀으로 성기게 2줄 박는다.

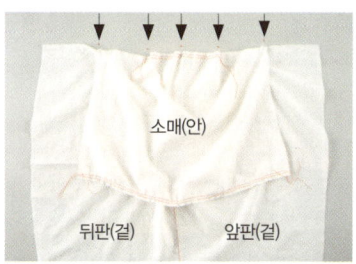

2 몸판과 소매를 겉끼리 맞대고 맞춤 표시에 맞춰 시침핀으로 고정한다.

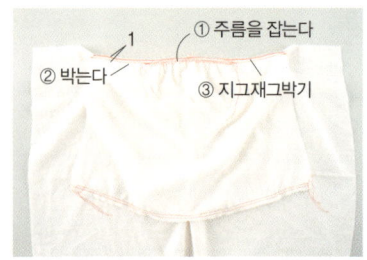
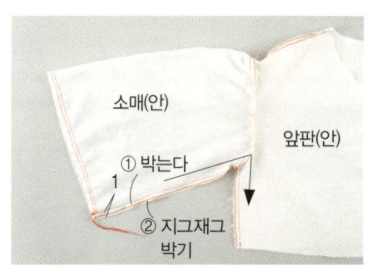
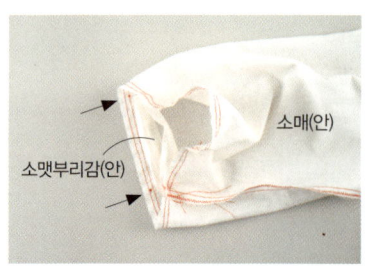

3 성기게 박은 실을 당겨서 주름을 잡고 시접 1㎝로 박는다. 시접은 2장을 같이 지그재그로 박는다. 성기게 박은 실을 빼내고, 시접은 몸판 쪽으로 넘긴다.

4 앞판과 뒤판을 겉끼리 맞대고 소매 옆선에서부터 몸판 옆선까지 시접 1㎝로 박는다. 시접은 2장을 같이 지그재그로 박아서 뒤판 쪽으로 넘긴다.

5 소맷부리와 소맷부리감을 각각 2등분하여 표시해 둔다. 소맷부리감을 원통 모양이 되게 박는다. 소맷부리감의 1㎝ 접음선 쪽을 소맷부리와 겉끼리 맞대고, 중심 표시와 소매옆선 솔기를 시침핀으로 고정한다.

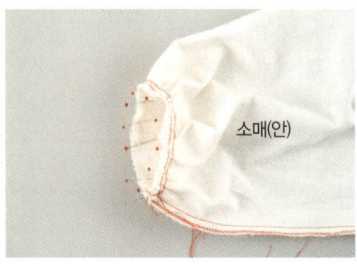
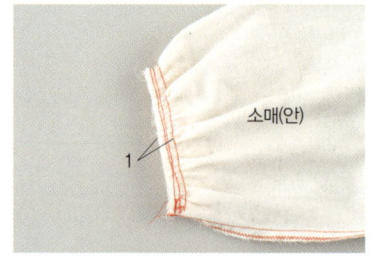
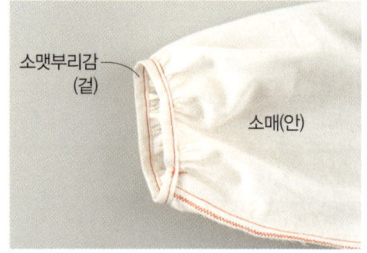
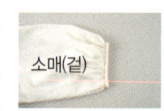

6 성기게 박은 실을 당겨서 소맷부리감 길이에 맞게 줄인다.

7 소맷부리감의 접음선을 따라 한 바퀴 돌아가며 박는다. 박을 때는 소매 안쪽을 보며 박는다. 성기게 박은 실을 빼낸다.

8 소맷부리감으로 소매 가장자리를 싸서 겉에서 박는다. 박을 때는 소매 안쪽을 보며 박는다.

다 박은 모습

## ④ 주머니를 단다

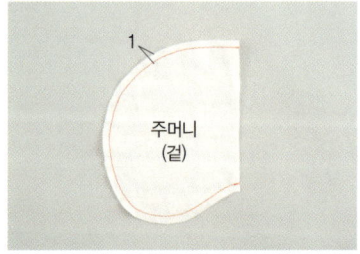
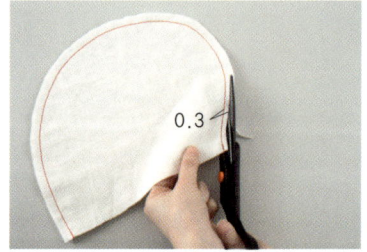
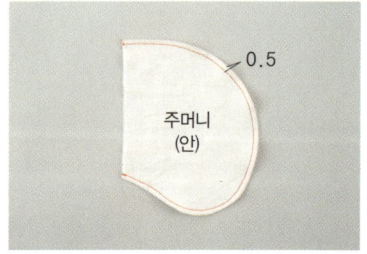

1 주머니 2장을 안끼리 맞대고 시접 1㎝로 박는다.

2 시접을 0.3㎝로 자른다.

3 안으로 뒤집어서 가장자리에서 0.5㎝ 지점을 박는다.

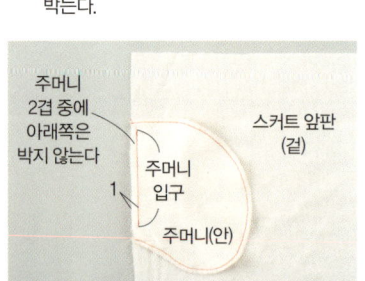
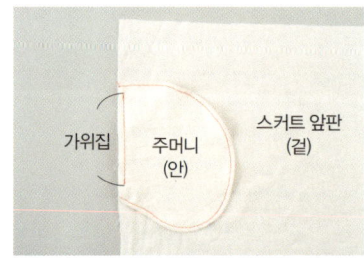
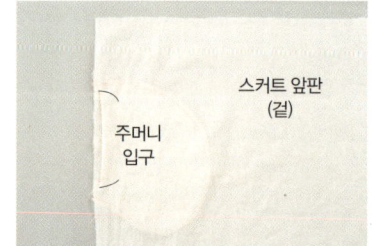
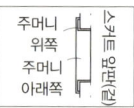

4 스커트 앞판의 겉쪽에 주머니 입구를 맞춰서 주머니를 겹친다. 주머니 2겹 중에 위쪽 천과 스커트 앞판을 맞춰 주머니 입구를 1㎝로 박는다. 이때 주머니 2겹 중에 아래쪽 천은 박지 않는다.

5 주머니 입구의 위아래에 가위집을 넣는다 (스커트 앞판 시접에도 같이 가위집을 넣는다).

6 주머니를 스커트 앞판 안쪽으로 넘기고 시접을 꺼낸다.

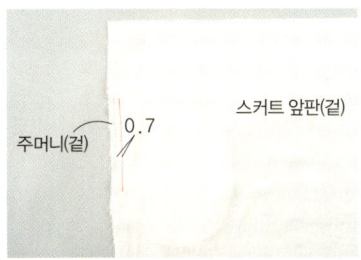

**7** 주머니 입구를 겉쪽에서 0.7cm로 눌러 박는다. 박을 때 아래쪽의 주머니가 말려들어가지 않도록 주의한다.

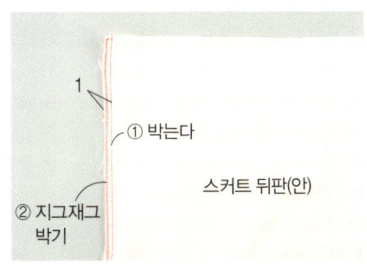

**8** 7의 위에 스커트 뒤판을 겉끼리 맞닿게 겹치고 옆선을 시접 1cm로 박는다. 시접은 2장을 같이 지그재그로 박는다. 박을 때 주머니 입구가 말려들어가지 않도록 주의한다.

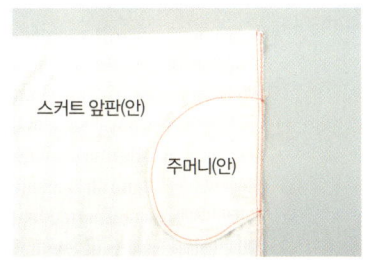

안쪽에서 본 모습.

## 5 몸판과 스커트를 잇는다

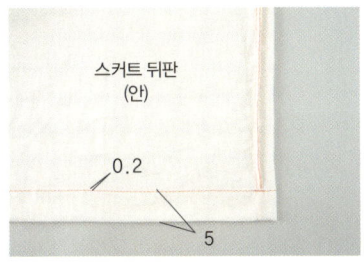

**9** 옆선 시접을 스커트 뒤판 쪽으로 넘기고 밑단을 완성선에서 접어서 박는다.

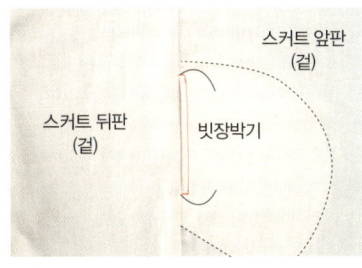

**10** 주머니를 스커트 앞판 쪽으로 넘기고, 주머니 입구의 위아래에 빗장박기를 한다(스커트 뒤판은 피한다). 반대쪽도 같은 방법으로 박는다.

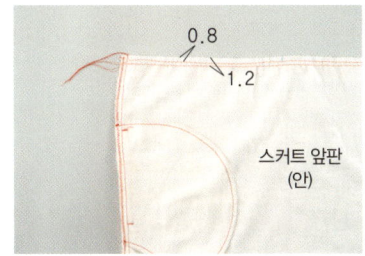

**1** 스커트의 허리선에 큰 땀으로 성기게 2줄 박는다.

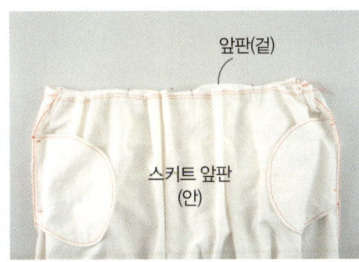

**2** 몸판과 스커트를 겉끼리 맞대고, 표시한 곳끼리 시침핀으로 고정한다.

**3** 성기게 박은 실을 당겨서 양쪽 표시한 곳 사이에서 고르게 주름이 잡히도록 균형을 살피면서 주름을 잡아 허리 치수에 맞춰서 줄인다.

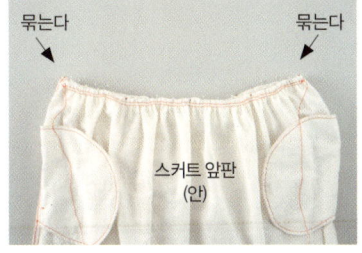

**4** 표시 사이를 시침핀으로 고정한다. 주름이 풀리지 않도록 성기게 박은 실의 양 끝은 2줄을 같이 묶어서 고정한다.

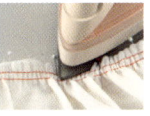

시접의 주름을 다리미로 눌러 두면 박기 쉽다.

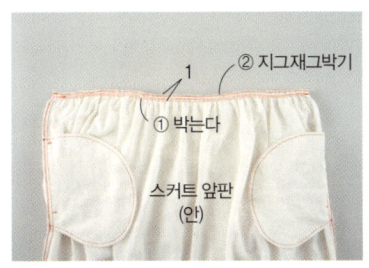

**5** 허리선을 시접 1cm로 박는다. 시접은 2장을 같이 지그재그로 박아서 몸판 쪽으로 넘긴다. 성기게 박은 실을 빼낸다.

완성

# 옷을 만들기 전에

**옷감**

옷감은 만드는 법 페이지를 참조하여 작품에 맞는 옷감을 준비합니다. 막 사온 옷감은 올이 비뚤어져 있거나 세탁하면 줄어들 때도 있으니 재단하기 전에 '선세탁'과 '올 바로잡기'를 합니다. 특수 옷감일 때에는 구입처에 확인하세요.

### 선세탁

① 물을 충분히 받아서 병풍 모양으로 접은 옷감을 한 시간 정도 담급니다.

② 꺼내서 늘어나지 않도록 살짝 물기를 짜고 올을 정리한 뒤에 그늘에서 반쯤 마를 때까지 말립니다.

※ 니트 옷감일 때 탈수는 손으로 살짝 누르는 정도만 하여 물기를 빼고 평평한 곳에 눕혀서 말리세요.

### 올 바로잡기

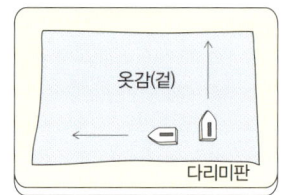

옷감의 올이 직각이 되도록 정리한 뒤에 올 방향을 따라 다림질합니다.

※ 니트 옷감일 때는 늘어나지 않게 주의하며 다리세요.

### 옷감과 바늘, 실

| 옷감 종류 | 얇은 옷감 | 보통 옷감 | 두꺼운 옷감 |
|---|---|---|---|
|  | 론 보일 등 | 덩거리 옥스퍼드 등 | 데님 모 등 |
| 바늘 | 9호 재봉틀 바늘 | 11호 재봉틀 바늘 | 13호 재봉틀 바늘 |
| 실 | 90번 재봉실 | 60번 재봉실 | 30번 재봉실 |

### 니트 재봉

신축성 있는 니트 옷감에는 실이 끊어지지 않도록 니트 전용 나일론제 실과 끝이 뭉툭한 니트 전용 바늘을 사용합니다.

### 옷감 필요량 정하는 법

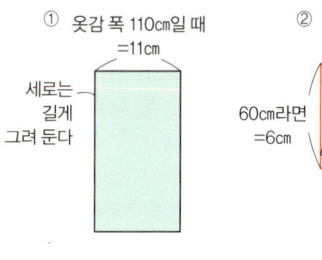
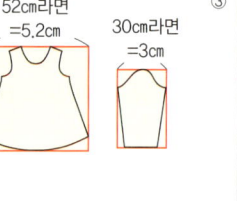
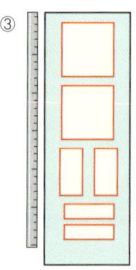

① 옷감 폭 110cm일 때 =11cm 세로는 길게 그려 둔다
② 52cm라면 =5.2cm, 60cm라면 =6cm, 30cm라면 =3cm
③

① 종이에 1/10 사이즈의 옷감 폭으로 사각형을 그린다.
② 옷본의 세로와 가로의 가장 긴 부분을 재서 1/10 사이즈 사각형을 그린다.
③ ②의 사각형을 ① 안에 필요한 장수만큼 나란히 놓는다. 자로 세로 길이를 재서 10배 한 길이에 시접분을 더한 치수가 옷감 필요량이 된다.

### 옷본과 옷감을 마름질하는 법

- 이 책으로 S~LL사이즈(아이용은 100~150사이즈)를 만들 수 있습니다. 각 사이즈의 참고 신체 치수는 옆 페이지의 표를 참조하세요.
- 재료(S/M/L/LL)의 옷감 필요량은 폭×길이 순으로 표기했습니다. 옷감의 무늬 맞추기를 해야 할 때는 좀 더 넉넉히 준비합니다. 특별히 지정하지 않았을 때의 단위는 cm입니다.
- 실물 크기 옷본에는 한 면에 작품 여러 개의 선이 겹쳐서 인쇄되어 있습니다. 만드는 법에서 필요한 부분을 확인하고, 패턴지나 트레이싱 페이퍼 등 비치는 종이에 옷본을 옮겨 그려서 사용하세요.
- 실물 크기 옷본에는 시접이 포함되지 않았습니다. 옷감 마름질하는 법을 참조하여 정해진 시접을 두세요.
- 직선으로 이루어진 부분은 옷본이 실려 있지 않습니다. 마름질하는 법에 있는 치수를 참조하여 옷감에 직접 선을 그린 후 마름질합니다.

### 옷본 기호

**식서 방향선**
옷감이 식서와 평행이 식서 방향(옷감의 세로 방향)에 맞춘다.

**골선**
옷감의 접음선, 해당 부분을 좌우대칭으로 만든다.

**안단선**
안단 위치와 모양을 표시하는 선.

**맞춤 표시**
서로 떨어진 부분을 맞추기 위한 표시.

**주름**
주름을 잡아서 줄이는 부분.

**접박기**
사선의 높은 쪽에서 낮은 쪽을 향해 옷감을 접는다.

## 옷본 만드는 법

### 옷본을 옮겨 그린다

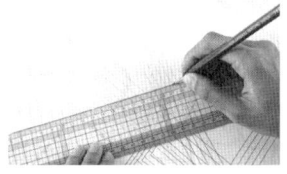
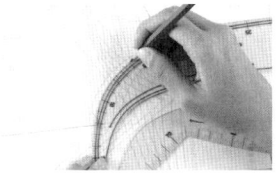

① 실물 크기 옷본에서 만들고 싶은 옷본을 찾아서 모서리 등의 포인트에 눈에 띄는 색으로 표시한다.

② 옷본 위에 패턴지 등 비치는 종이를 겹치고, 자를 사용하여 선을 옮겨 그린다.

③ 곡선은 곡선자를 이용하면 편리하다.

④ 각 부분의 이름과 식서 방향, 맞춤 표시 등의 기호도 잊지 말고 옮겨 적는다.

### 시접을 그린다

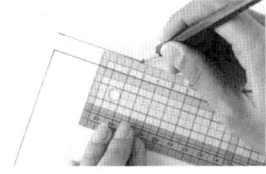
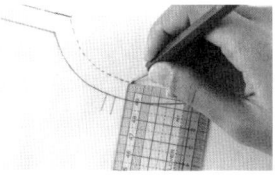
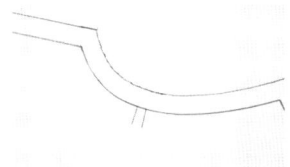

① 시접 치수는 마름질하는 법을 참조한다. 모눈자를 이용하면 편리하다.

② 곡선 부분은 시접 폭을 직각으로 재면서 표시한다.

③ ②에서 표시한 곳을 곡선자 등으로 이으며 깨끗하게 선을 그린다.

④ 시접선에서 옷본을 자른다. 시접 있는 옷본 완성.

## 바이어스감 만드는 법

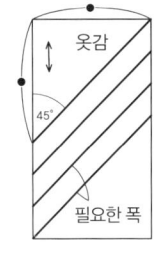
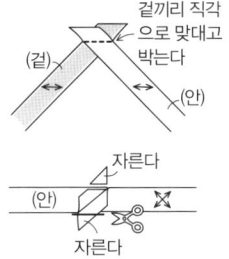

식서 방향에 대해 45도 각도로 자른 옷감을 바이어스감이라고 합니다. 잘라 낸 바이어스감을 필요한 길이만큼 이어서 사용합니다.

★ 바이어스테이프 메이커를 사용하면 손쉽게 바이어스테이프를 만들 수 있습니다.

**바이어스테이프** 메이커는 완성 폭 6mm, 12mm, 18mm, 25mm, 50mm 규격이 있습니다.

## 단춧구멍 만드는 법

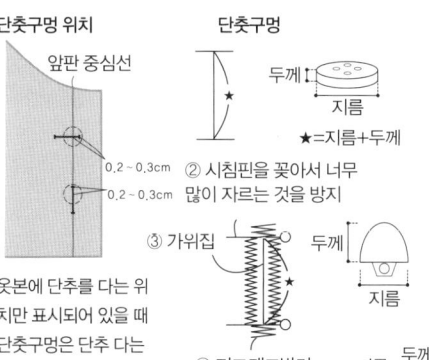

옷본에 단추를 다는 위치만 표시되어 있을 때 단춧구멍은 단추 다는 위치의 0.2~0.3cm 오른쪽(또는 위)에서부터 만듭니다.

★ = 지름 + 두께

① 지그재그박기
② 시침핀을 꽂아서 너무 많이 자르는 것을 방지
③ 가위집

★ = 지름 + $\frac{두께}{2}$

## 부직포 패턴지

부직포는 잘 찢어지지 않고 튼튼해 옷본을 옮겨 그리기 편립니다. 시침핀을 꽂아도 구멍이 뚫리지 않아서 여러 번 반복하여 사용할 수 있습니다. 종이와 달리 부드러워서 사용할 때 소리가 나지 않아서 좋습니다.

## 기준 치수표

### 어른용

|  | S | M | L | LL |
|---|---|---|---|---|
| 키 | 153~160 | | 160~165 | |
| 가슴둘레 | 79 | 83 | 87 | 91 |
| 허리둘레 | 63 | 67 | 71 | 75 |
| 엉덩이둘레 | 86 | 90 | 94 | 98 |

### 아이용

|  | 100 | 110 | 120 | 130 | 140 | 150 |
|---|---|---|---|---|---|---|
| 키 | 95~105 | 105~115 | 115~125 | 125~135 | 135~145 | 145~155 |
| 가슴둘레 | 54 | 56 | 60 | 64 | 68 | 72 |
| 허리둘레 | 48 | 50 | 52 | 54 | 56 | 58 |
| 엉덩이둘레 | 57 | 60 | 65 | 70 | 75 | 80 |

# 보트넥 블라우스

photo P.8

**완성 치수(S/M/L/LL)**
가슴둘레 113/117/121/125cm
전체 길이 59.5/60.5/61.5/62.5cm

**재료(S/M/L/LL)**
· 워싱 하프리넨 덩거리(오프화이트x네이비퍼플)
  110cm 폭x175/175/180/180cm
· 별도 옷감 25x20cm
· 접착심지 10x5cm
· 두꺼운 종이 조금

**실물 크기 옷본 4면 【15】**
1-앞판  2-뒤쪽 바대
3-뒤판  4-소매
5-가슴주머니  6-삼각천

**알맞은 옷감**
브로드클로스, 시팅, 타이프라이터
클로스, 론, 얇은 두께~중간 두께
리넨이나 면마, 옥스퍼드,
피케, 트윌, 극세 코듀로이,
거즈, 비엘라, 보일, 시어서커

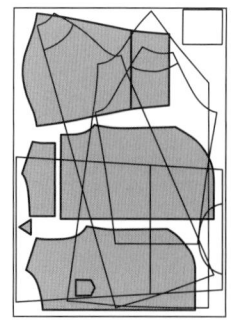

### 옷감을 마름질하는 법

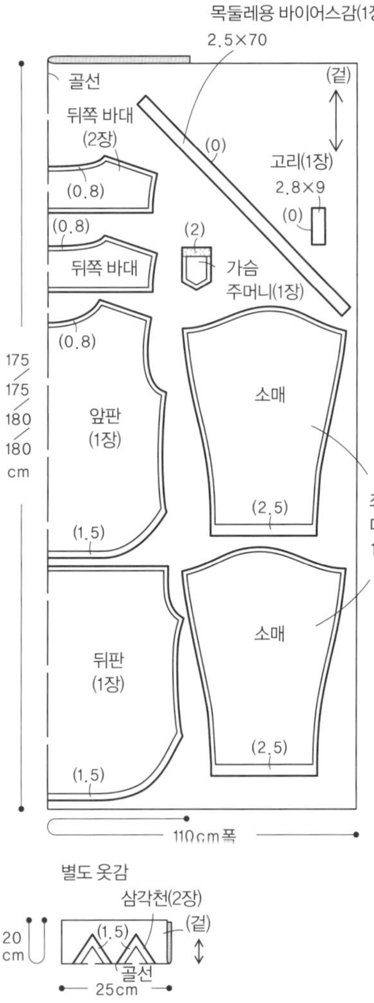

(도식: 뒤쪽 바대(2장), 목둘레용 바이어스감(1장) 2.5×70, 고리(1장) 2.8×9, 가슴주머니(1장), 앞판(1장), 소매(좌우대칭으로 1장씩), 뒤판(1장) — 110cm 폭)

별도 옷감: 삼각천(2장), 20cm × 25cm, 골선

※ 위에서부터 S/M/L/LL.
※ ( ) 안은 시접. 정해진 것 이외에는 1cm.
※ ▨ 는 뒷면에 접착심지를 붙인다.
※ 바이어스감, 고리는 옷감에 직접 선을 그려서 마름질한다.

### 만드는 순서

1 마름질하는 법을 참조하여 옷감을 마르고 준비 작업을 한다.
2 가슴주머니를 만들어서 단다.
3 고리를 만들어서 단다.
4 삼각천을 만든다.
5 밑단을 처리한다.
6 몸판과 바대를 잇는다.
7 목둘레선을 처리한다.
8 소매를 단다.
9 소매 옆선에서부터 몸판 옆선까지 박는다.
10 소맷부리를 처리한다.

〈7부 소매〉 뒤
〈긴 소매〉 앞

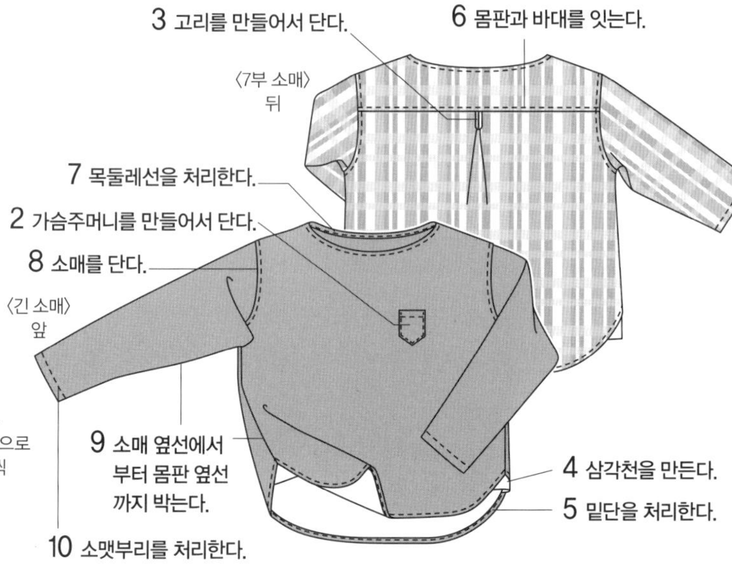

### 준비 작업

① 주머니 입구를 2번 접는다
가슴주머니(안)
② 세 변을 접는다

소매(안) — 소맷부리를 2번 접는다, 1.5, 1

고리(겉) — 4겹이 되도록 접는다

목둘레용 바이어스감(안) — ① 접는다, 0.7, ② 앞쪽으로 접는다, 0.8

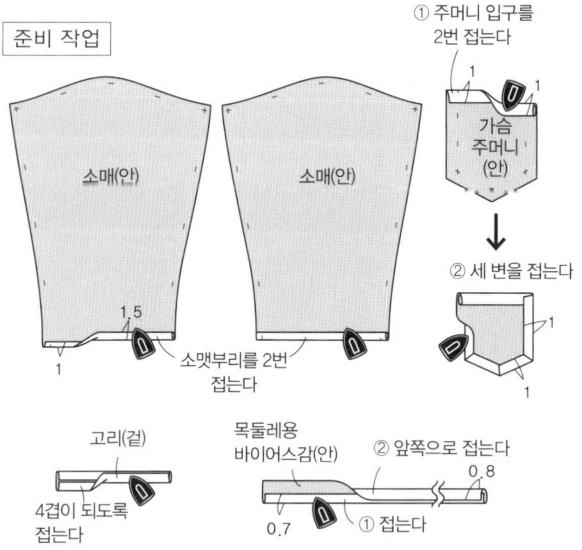

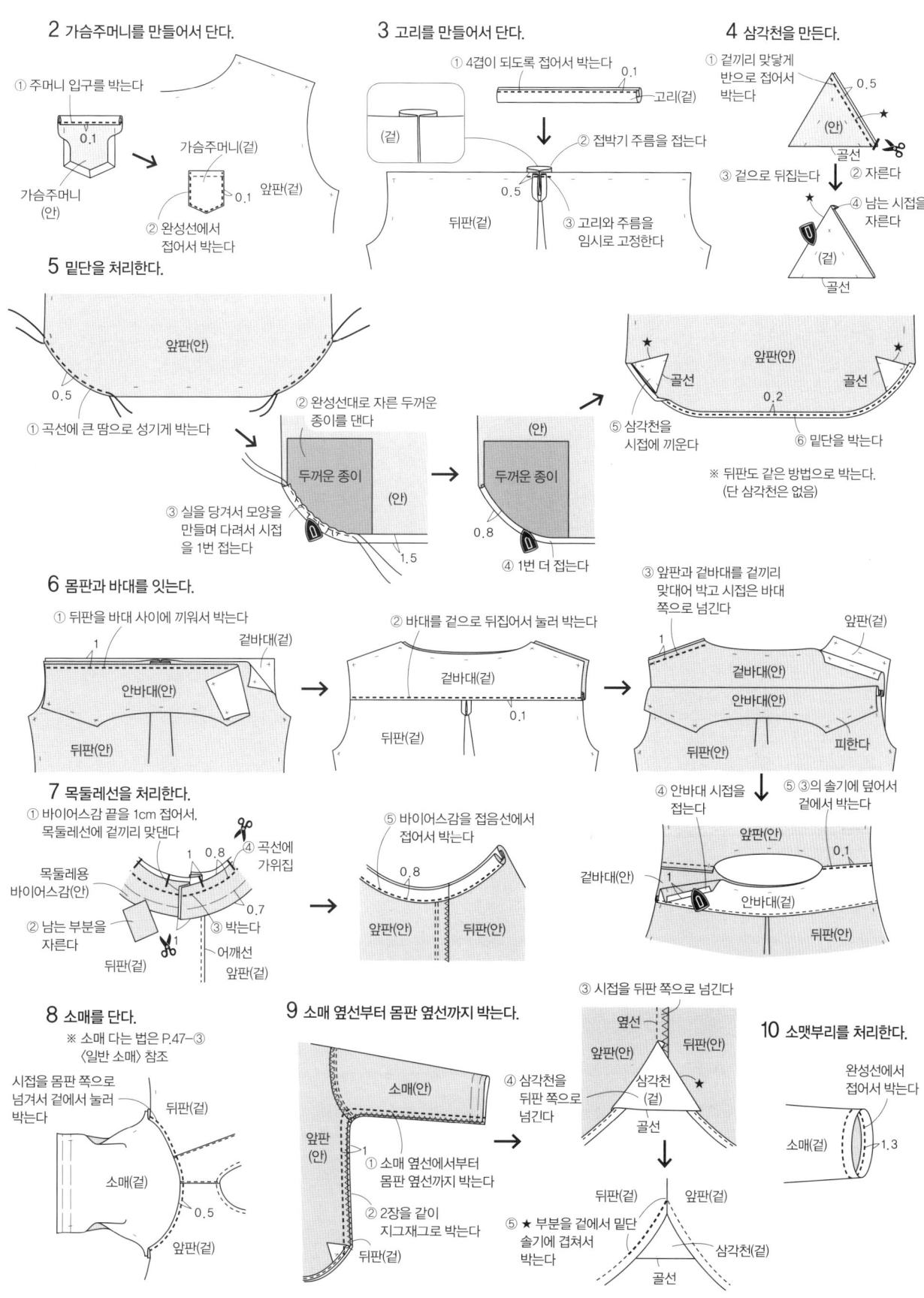

# 스탠드칼라 셔츠원피스 *photo P.10*

**완성 치수(S/M/L/LL)**
가슴둘레 117/121/125/129cm
전체 길이 100/102/104/106cm

**재료(S/M/L/LL)**
· 브로드클로스(캐러멜색)
  110cm 폭×255/260/265/270cm
· 접착심지 110×30cm
· 0.7cm 폭 늘어남 방지 테이프 40cm
· 지름 1.1cm 단추 12개

실물 크기 옷본 5면【19】
1-앞판 2-가슴주머니 3-뒤쪽 바대 4-뒤판
5-소매 6-옷깃 7-밑덧단 8-겉덧단 9-삼각천

실물 크기 옷본 3면【8】공통 주머니

**알맞은 옷감**
브로드클로스, 시팅, 타이프라이터클로스, 론, 얇은 두께
~중간 두께 리넨이나 면마, 옥스퍼드, 피케, 트윌, 극세
코듀로이, 거즈, 비엘라, 보일, 시어서커

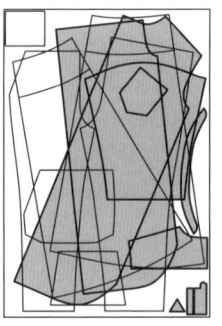

## 옷감을 마름질하는 법

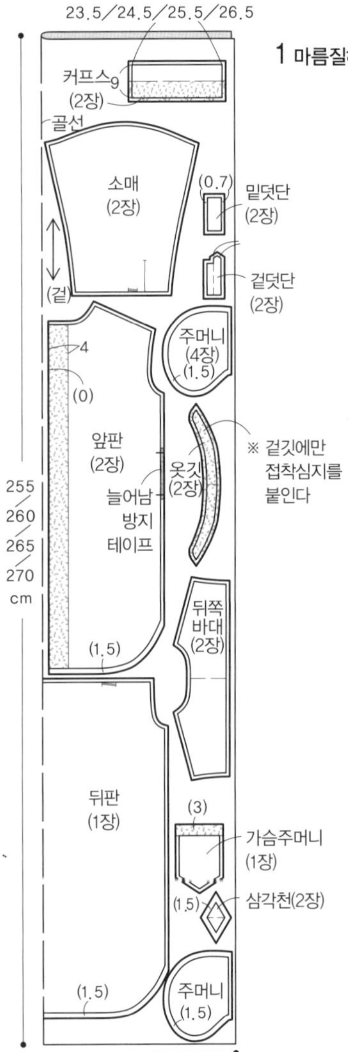

커프스(2장) 23.5/24.5/25.5/26.5
골선
소매(2장)
밑덧단(2장) (0.7)
겉덧단(2장)
주머니(4장) (1.5)
앞판(2장)  4  (0)
옷깃(2장)
늘어남 방지 테이프
※ 겉깃에만 접착심지를 붙인다
뒤쪽 바대(2장) (1.5)
뒤판(1장) (3)
가슴주머니(1장)
삼각천(2장) (1.5)
주머니 (1.5)

255/260/265/270cm
110cm폭

※ 위(왼쪽)에서부터 S/M/L/LL.
※ ( )안은 시접. 정해진 것 이외에는 1cm.
※ ▒는 뒷면에 접착심지를 붙인다.
※ ▒는 뒷면에 늘어남 방지 테이프를 붙인다.
※ 커프스는 옷감에 직접 선을 그려서 마름질한다.

## 만드는 순서

1 마름질하는 법을 참조하여 옷감을 마르고 준비 작업을 한다.
2 앞여밈단을 박는다.
3 가슴주머니를 만들어서 단다.
4 뒤판의 접박기 주름을 접는다.
5 몸판과 바대를 잇는다.
6 옷깃을 만든다.
7 옷깃을 단다.
8 삼각천을 만든다.
9 밑단을 처리한다.
10 주머니를 달고 옆선을 박는다.
11 소매 트임을 박는다.
12 소매를 만든다.
13 커프스를 만들어서 단다.
14 소매를 단다.
15 단춧구멍을 만들고 단추를 단다.

뒤 / 앞

## 준비 작업

왼쪽 앞판(안) / 오른쪽 앞판(안)
앞판 끝선을 2번 접는다

겉깃(안)
① 시접을 접는다

안커프스(안) / 겉커프스(안)
① 시접을 접는다
② 시접을 앞쪽에 덮어서 접는다
겉커프스(겉)

① 주머니 입구를 2번 접는다
가슴주머니(안)
② 시접을 접는다

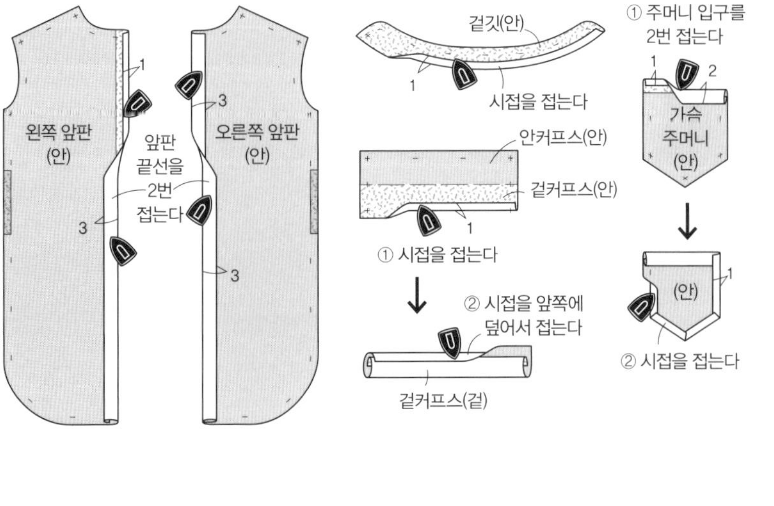

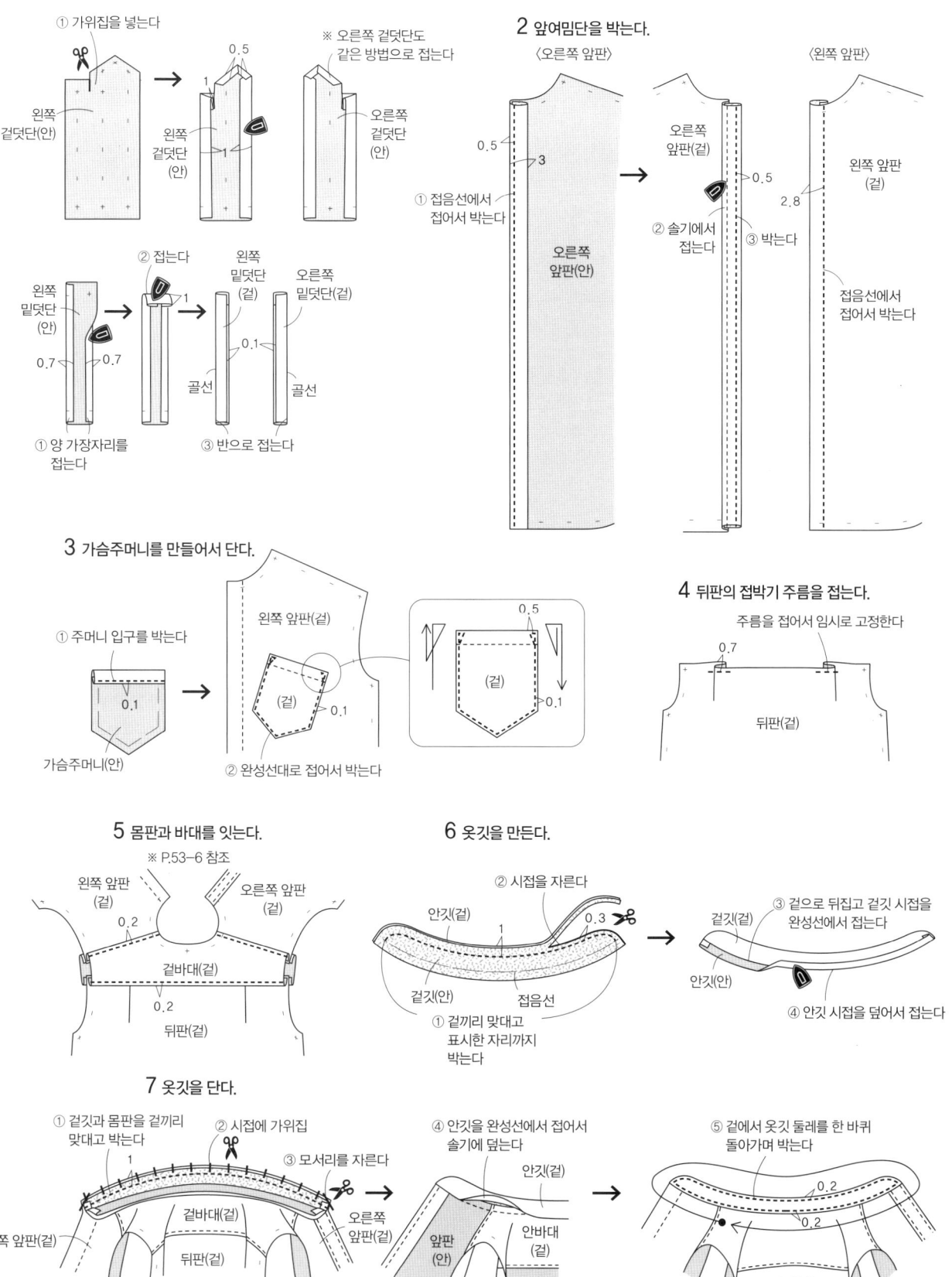

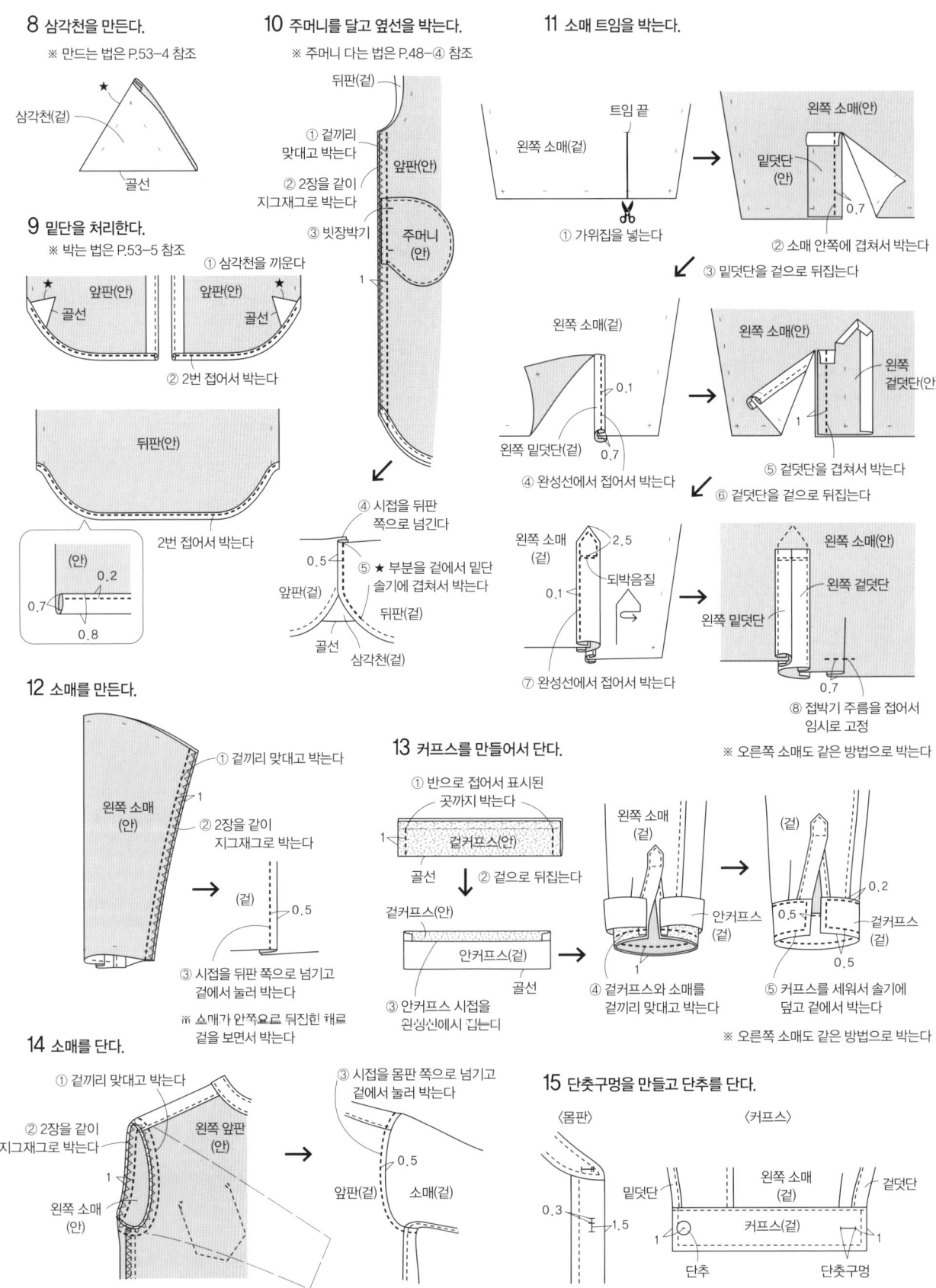

# 간단 볼레로

photo P.40

**완성 치수(프리 사이즈)**
전체 길이 93cm

**재료**
· 오리지널 6중직 거즈(무염색) 115cm 폭×100cm

**실물 크기 옷본 1면【3】**
1-몸판

**알맞은 옷감**
쭈리, 자카드 니트, 부클레 니트, 퀼트 니트(신축성 저~중), 이중 거즈, 삼중 거즈, 두꺼운 모

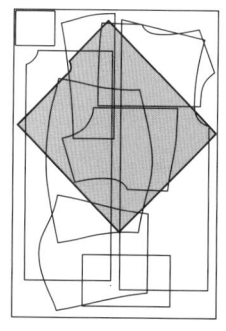

### 옷감을 마름질하는 법

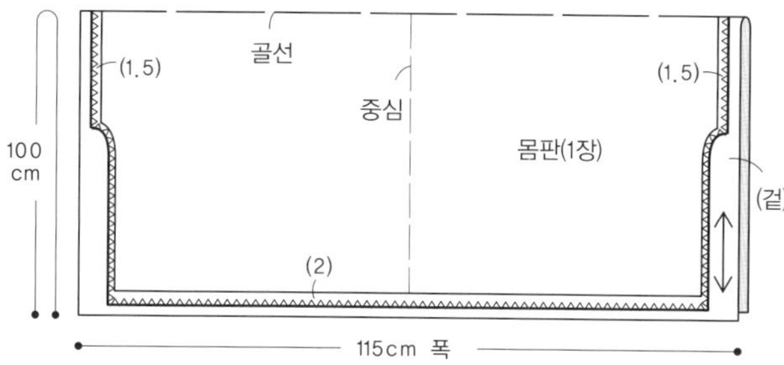

- 100cm × 115cm 폭
- (1.5) 골선 (1.5)
- 중심
- 몸판(1장) (겉)
- (2)

※ ( ) 안은 시접. 정해진 것 이외에는 1cm.
※ ＭＭＭ 는 지그재그박기로 처리한다.

### 준비 작업

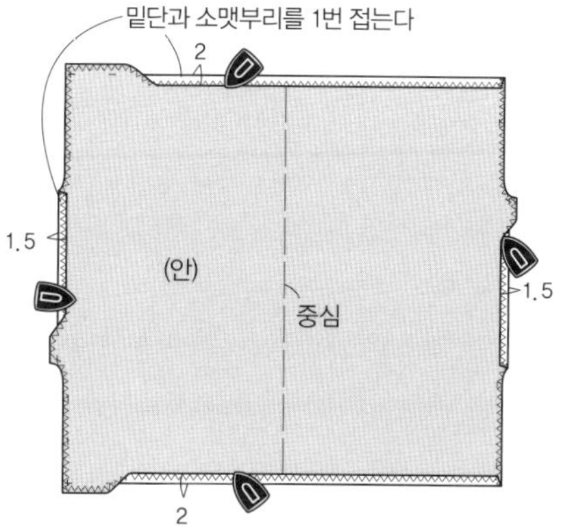

밑단과 소맷부리를 1번 접는다
- 2
- 1.5 (안) 1.5
- 중심
- 2

### 만드는 순서

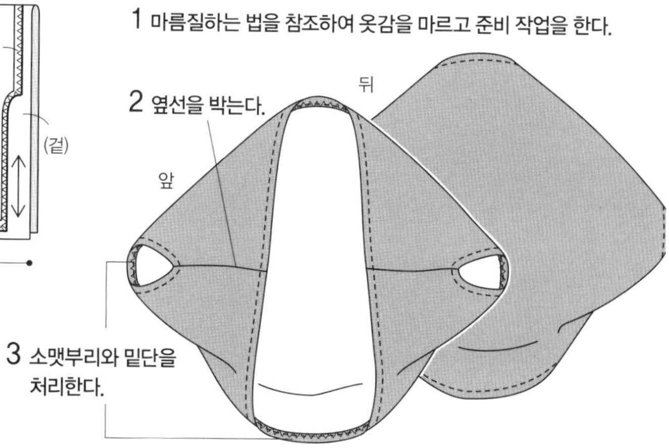

1. 마름질하는 법을 참조하여 옷감을 마르고 준비 작업을 한다.

2. 옆선을 박는다.
   - 뒤
   - 앞

3. 소맷부리와 밑단을 처리한다.

**2 옆선을 박는다.**
① 겉끼리 맞대고 박는다
- 골선
- 1  중심  1

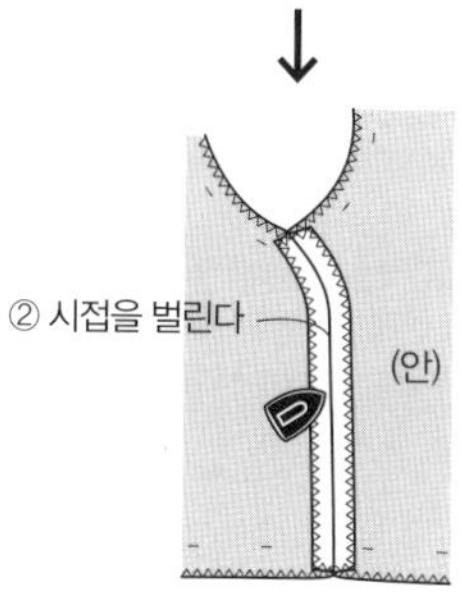

② 시접을 벌린다

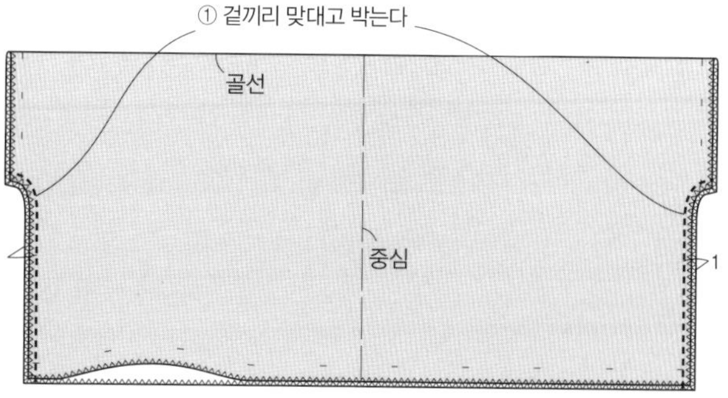

**3 소맷부리와 밑단을 처리한다.**
- 1.3
- (안)
- 1번 접어서 박는다
- 1.8

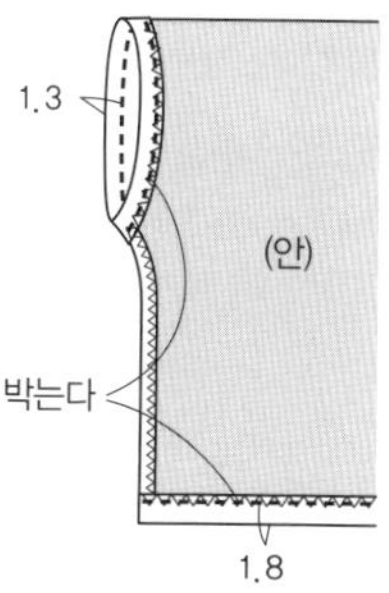

# 캐미솔 원피스

photo P.12

**[어른용]**
완성 치수(S/M/L/LL)
가슴둘레 95/99/103/108cm
전체 길이 82/83.5/85.5/87.5cm(끈 제외)

재료(S/M/L/LL)
- 고밀도 벨기에산 프리미어 리넨(검정) 110cm 폭×230/230/240/240cm
  ※ LL은 115cm 폭 이상의 옷감을 사용한다.
- 접착심지 80×40cm, 0.7cm 폭 늘어남 방지 테이프 40cm
- 지름 0.5cm 둥근 끈 100/108/116/124cm
- 2.5cm 폭 납작 고무줄 40cm(가슴 치수에 맞춰서 조절)

**[아이용]**
완성 치수(100/110/120/130/140/150)
가슴둘레 74/78/82/86/90/96cm
전체 길이 58/63/68/73/78/83cm(끈 제외)

재료(100/110/120/130/140/150)
- 리넨(회갈색)/면(선염 깅엄체크) 110cm 폭×160/170/180/190/210/220cm
- 접착심지 70×40cm, 0.7cm 폭 늘어남 방지 테이프 30cm
- 지름 0.5cm 둥근 끈 60/64/76/84/92/96cm
- 2.5cm 폭 납작 고무줄 25/28/30/32/34/36cm(가슴 치수에 맞춰서 조절)

실물 크기 옷본 5면 【20】
1-앞판  2-앞쪽 안단
3-뒤판  4-뒤쪽 안단

실물 크기 옷본 6면 【21】
1-앞판  2-앞쪽 안단
3-뒤판  4-뒤쪽 안단
【24】 kids 공통 주머니

실물 크기 옷본 3면【8】
공통 주머니

**알맞은 옷감**
브로드클로스, 시팅, 타이프라이터클로스, 론, 얇은 두께~중간 두께 리넨이나 면마, 옥스퍼드, 피케, 트윌, 극세 코듀로이, 거즈, 비엘라, 보일, 시어서커

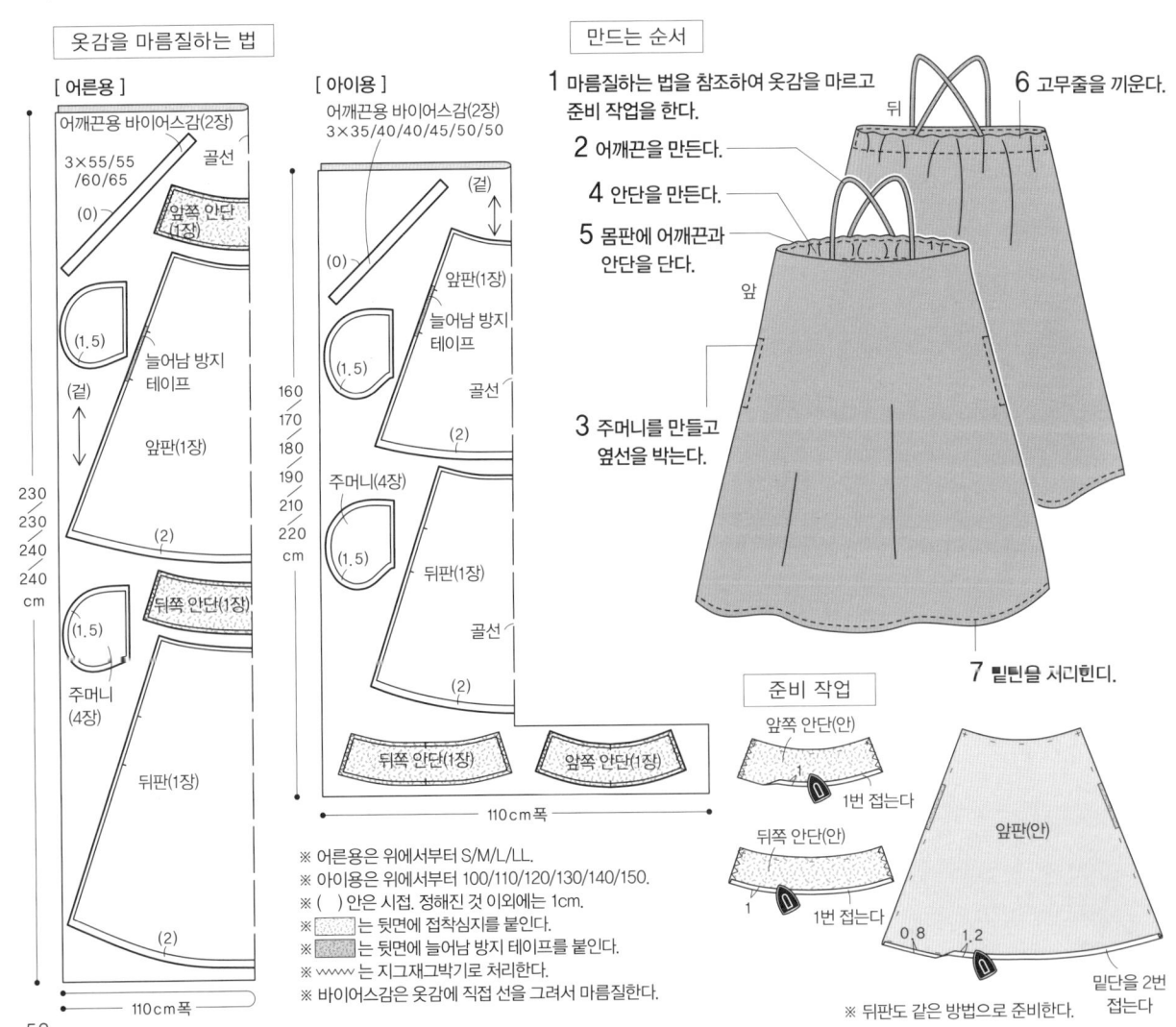

**만드는 순서**
1 마름질하는 법을 참조하여 옷감을 마르고 준비 작업을 한다.
2 어깨끈을 만든다.
3 주머니를 만들고 옆선을 박는다.
4 안단을 만든다.
5 몸판에 어깨끈과 안단을 단다.
6 고무줄을 끼운다.
7 밑단을 처리한다.

※ 어른용은 위에서부터 S/M/L/LL.
※ 아이용은 위에서부터 100/110/120/130/140/150.
※ ( ) 안은 시접. 정해진 것 이외에는 1cm.
※ ▨ 는 뒷면에 접착심지를 붙인다.
※ ▨ 는 뒷면에 늘어남 방지 테이프를 붙인다.
※ ∿∿∿ 는 지그재그박기로 처리한다.
※ 바이어스감은 옷감에 직접 선을 그려서 마름질한다.

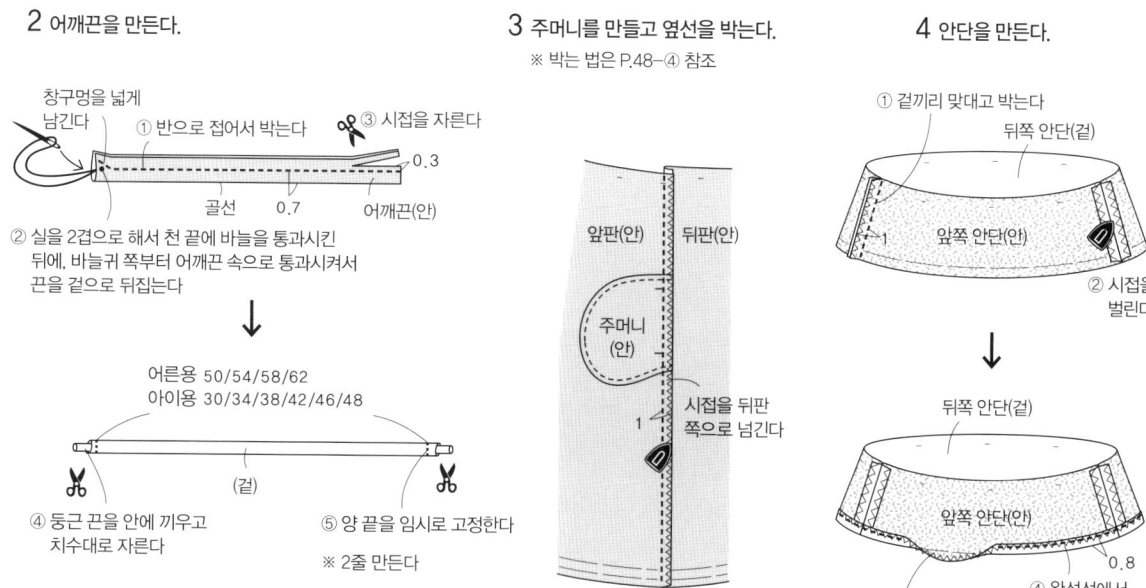

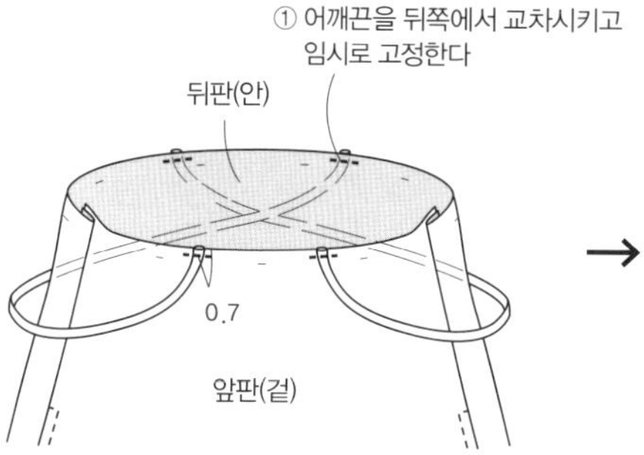

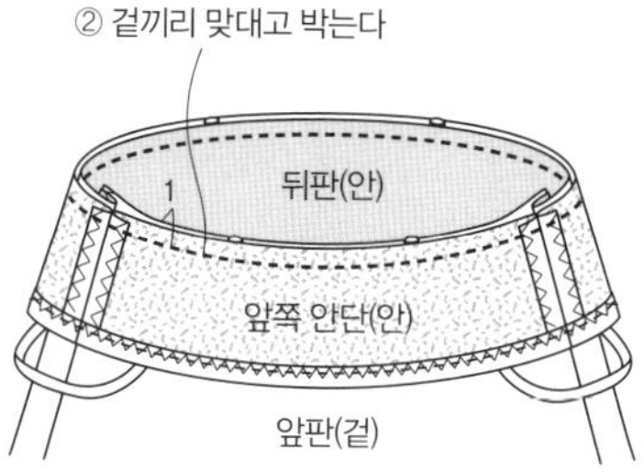

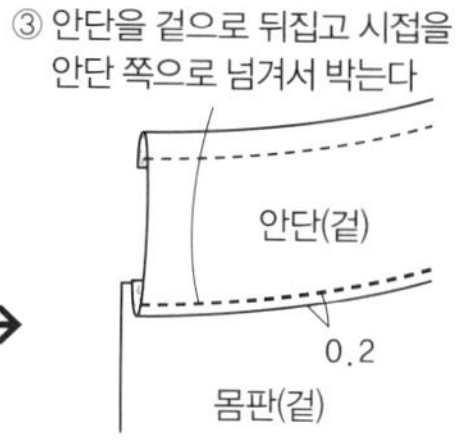

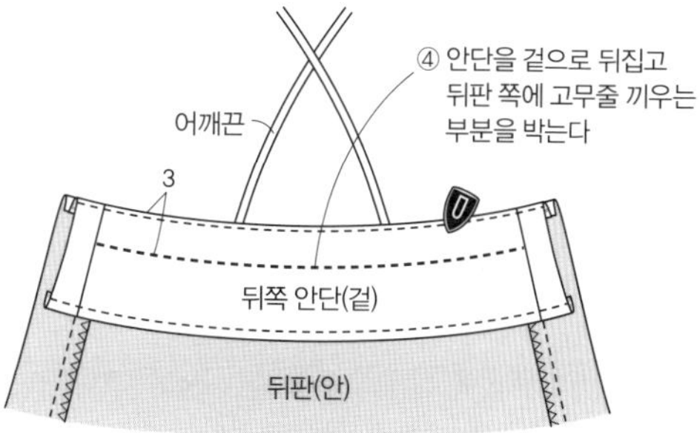

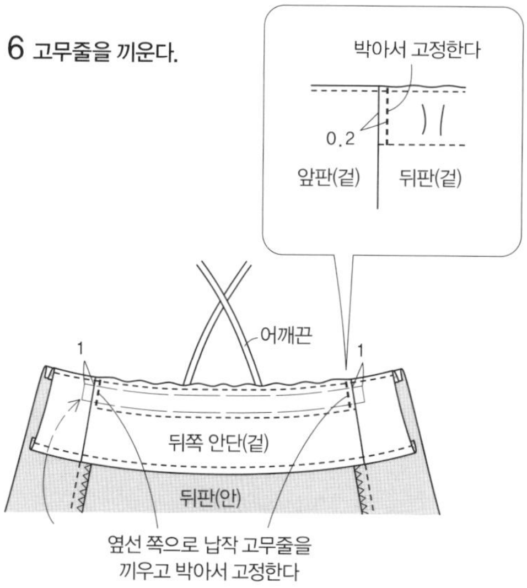

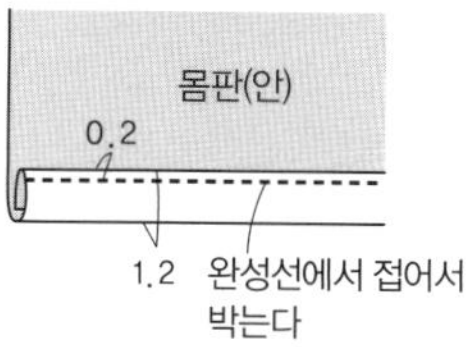

# 심플 코트

photo P.14

[어른용]
완성 치수(S/M/L/LL)
가슴둘레 116/120/124/128cm
전체 길이 89/90.5/92/94cm

재료(S/M/L/LL)
· 리넨울(회색) 110cm 폭×205/205/210/240cm
· 0.7cm 폭 늘어남 방지 테이프 40cm
· 지름 1.5cm 단추 1개

[아이용]
완성 치수(100/110/120/130/140/150)
가슴둘레 76/81/86/91/96/102cm
전체 길이 58/62/67/72/76.5/81cm

재료(100/110/120/130/140/150)
· 대폭 벨기에 리넨 140cm 폭×125/135/145/165/180/185cm
· 0.7cm 폭 늘어남 방지 테이프 30cm
· 지름 1.5cm 단추 1개

[어른용]

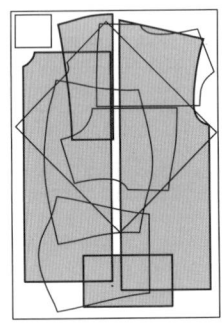

실물 크기 옷본 1면【2】
1-앞판 2-뒤판 3-소매

실물 크기 옷본 3면【8】
공통 주머니

[아이용]

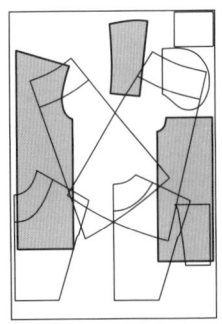

실물 크기 옷본 6면【21】
1-앞판 2-뒤판 3-소매
【24】kids 공통 주머니

※ 앞판은 '앞판 계속' 옷본과
맞춤 표시끼리 이어서 옷본을
하나로 만들어 사용한다.

## 만드는 순서

1 마름질하는 법을 참조하여 옷감을 마르고 준비 작업을 한다.
2 고리를 만든다.
3 앞판 끝선을 박는다.
4 앞판과 뒤판을 잇는다.
5 소매를 단다.
6 주머니를 달고 소매 밑선에서부터 옆선까지 박는다.
7 소맷부리를 처리한다.
8 밑단을 처리한다.
9 단추를 단다.

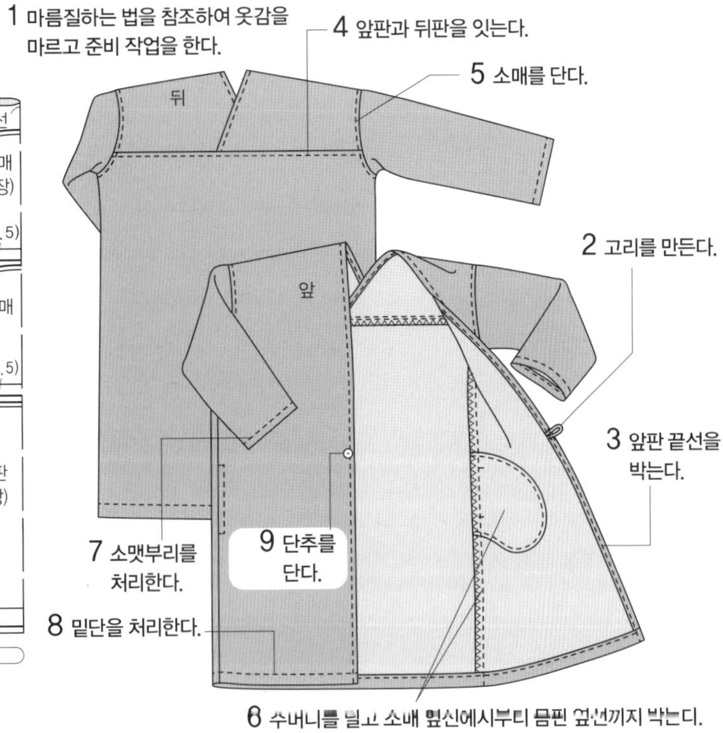

### 옷감을 마름질하는 법

〈어른용〉 110cm폭, 205/205/210/240cm
〈아이용〉 140cm폭, 125/135/145/165/180/185cm

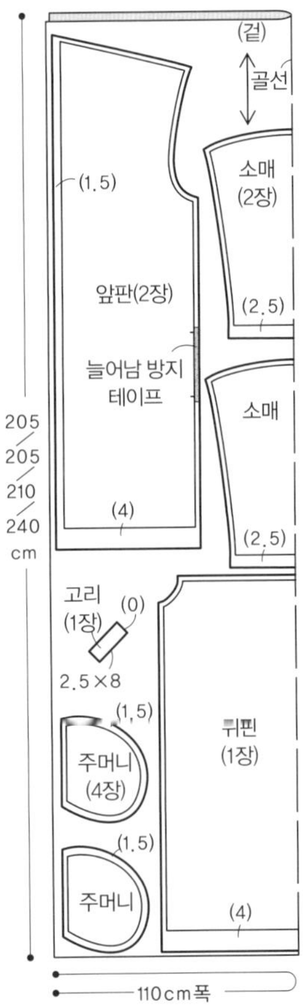

※ 어른용은 위에서부터 S/M/L/LL.
※ LL은 소매를 위로 비켜 놓고 재단한다.
※ ( ) 안은 시접. 정해진 것 이외에는 1cm.
※ ▨ 는 뒷면에 늘어남 방지 테이프를 붙인다.
※ 고리는 옷감에 직접 선을 그려서 마름질한다.
※ 아이용은 위에서부터 100/110/120/130/140/150
※ 140/150은 어른용 마름질하는 법을 참조.

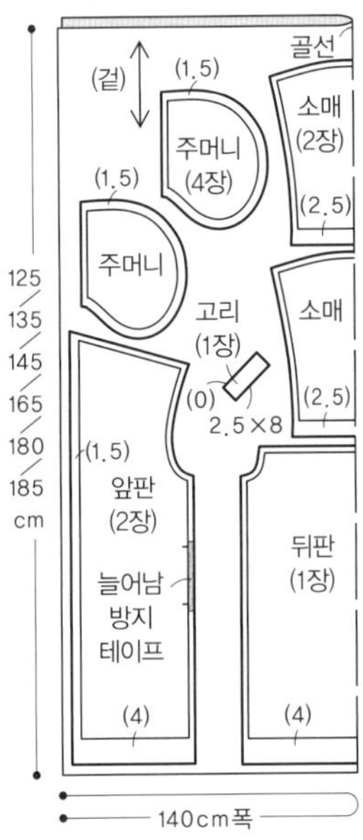

### 준비 작업

반으로 접는다
고리(겉)
골선

소맷부리를 2번 접는다

① 앞판 끝선을 2번 접는다
② 밑단을 2번 접는다

밑단을 2번 접는다

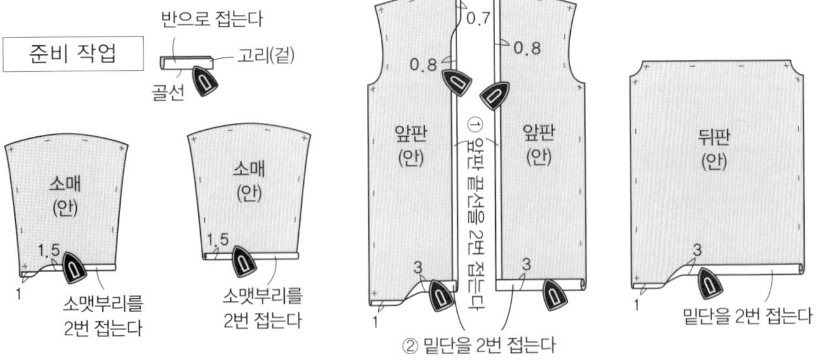

## 2 고리를 만든다.

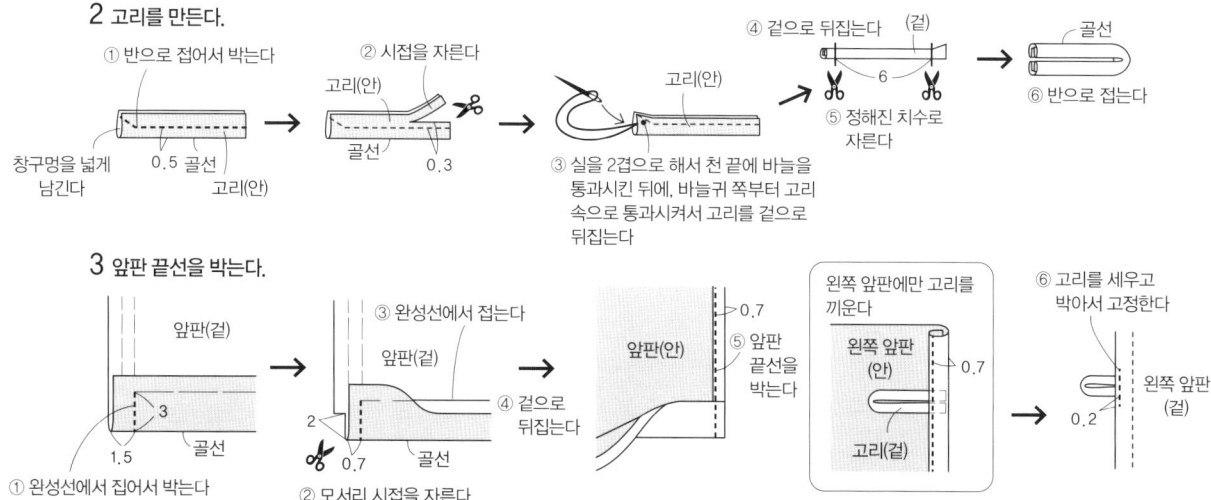

## 3 앞판 끝선을 박는다.

## 4 앞판과 뒤판을 잇는다.

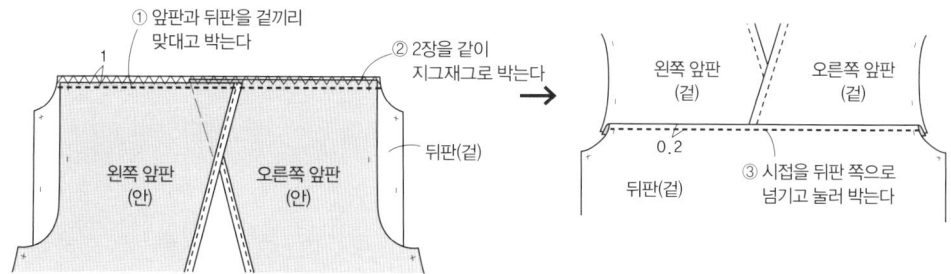

## 5 소매를 단다.
※ 소매 다는 법은 P.47-③ 〈일반 소매〉 참조

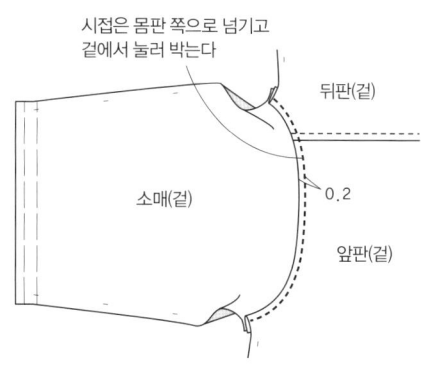

## 6 주머니를 달고 소매 옆선에서부터 몸판 옆선까지 박는다.
※ 주머니 다는 법은 P.48-④ 참조

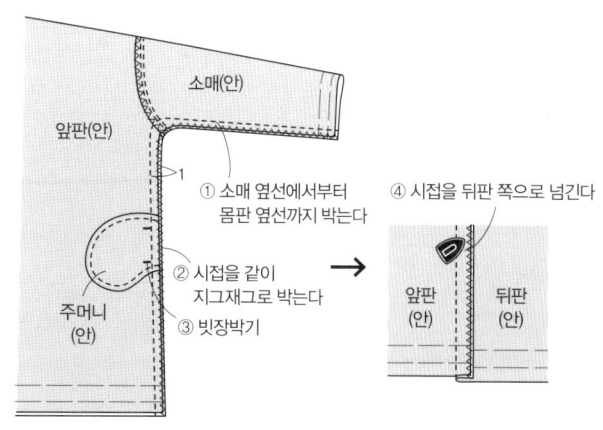

## 7 소맷부리를 처리한다.

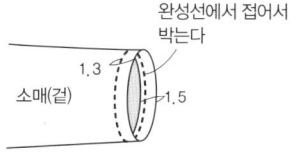

## 8 밑단을 처리한다.

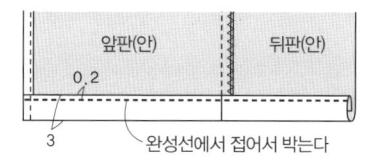

## 9 단추를 단다.

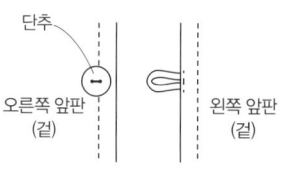

**알맞은 옷감**
브로드클로스, 시팅, 타이프라이터클로스, 론, 얇은 두께~중간 두께 리넨이나 면마, 옥스퍼드, 피케, 트윌, 극세 코듀로이, 거즈, 비엘라, 보일, 시어서커, 중간 두께 리넨, 중간 두께 면, 면마 캔버스, 치노클로스, 웨더클로스(코트용으로 나온 튼튼하고 방수성 있는 옷감의 총칭-역주), 중간 두께 캔버스, 코듀로이, 면벨벳, 얇은 두께 모

# 프렌치 소매 자루 블라우스와 원피스 photo P.20

**완성 치수(S/M/L/LL)**
가슴둘레 114/118/122/126cm
전체 길이 (블라우스) 55/56/57/59cm
(원피스) 96/97/98/100cm

**재료(S/M/L/LL)**
〈블라우스〉
· 면 줄무늬(회색) 112cm 폭x150/150/155/155cm
· 지름 1.3cm 단추 1개

〈원피스〉
· 리투아니아 리넨 중간 두께 컬러 민무늬(앤티크 바이올렛)
· 140cm 폭x230/230/235/235cm
· 0.7cm 폭 늘어남 방지 테이프 40cm
· 지름 1.3cm 단추 1개

〈블라우스〉
실물 크기 옷본 2면 【5】
1-앞판 2-뒤판

〈원피스〉
실물 크기 옷본 2면 【6】
1-앞판 2-뒤판
실물 크기 옷본 3면 【8】 공통 주머니

※ 원피스는 【5】 옷본에
'【6】 1-앞판 계속'과 '【6】 2-뒤판 계속'을
각각 이어서 사용한다.

**알맞은 옷감**
브로드클로스, 시팅, 타이프라이터클로스, 론, 얇은 두께~중간 두께 리넨이나 면마, 옥스퍼드, 피케, 트윌, 극세 코듀로이, 거즈, 비엘라, 보일, 시어서커, 중간 두께 리넨, 중간 두께 면, 면마 캔버스, 치노클로스, 웨더클로스, 중간 두께 캔버스, 코듀로이, 면벨벳, 얇은 두께 모

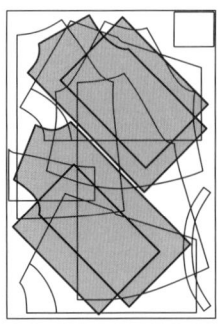

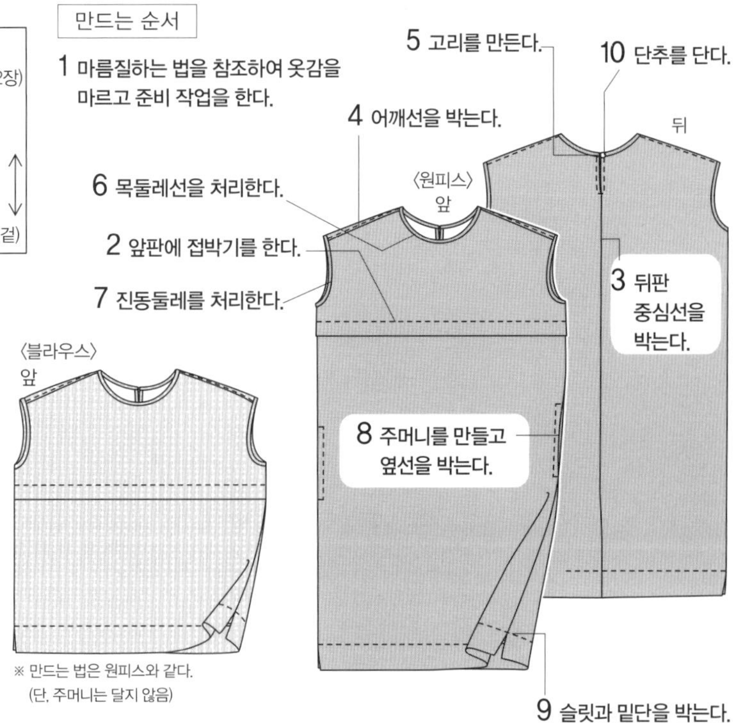

### 옷감을 마름질하는 법

블라우스, 원피스 공통
목둘레용 바이어스감(1장)
3.5×60
진동둘레용 바이어스감(2장)
3.5×40
고리(1장)
2.5×8
(겉)
뒤판
(좌우대칭으로
1장씩)
블라우스
150
150
155
155
cm
원피스
230
230
235
235
cm
주머니
(4장)
※ 원피스만
주머니
골선
뒤판
앞판
(1장)
※ 원피스에만 늘어남 방지
테이프를 붙인다
112cm폭
140cm폭

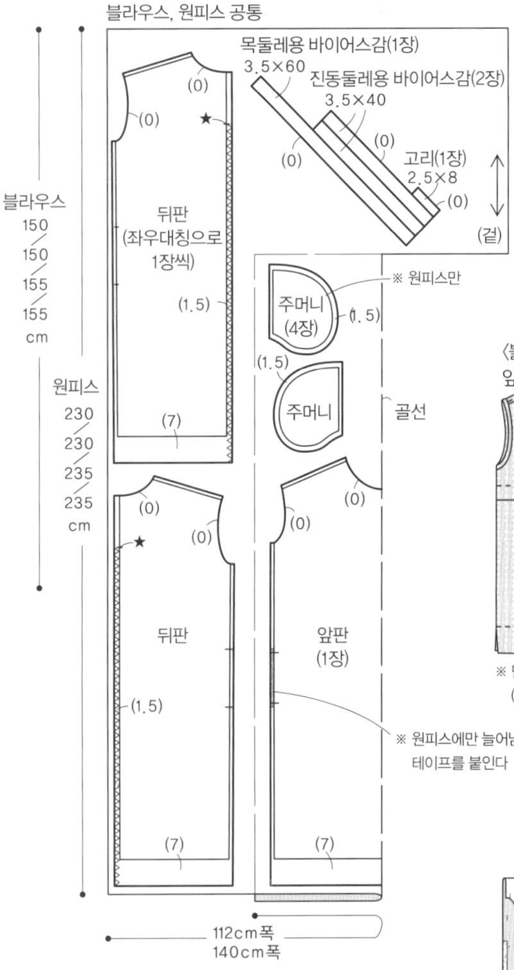

※ 위에서부터 S/M/L/LL.
※ ( ) 안은 시접. 정해진 것 이외에는 1cm.
※ [무늬] 는 뒷면에 접착심지를 붙인다.
※ ∿∿∿ 는 지그재그박기로 처리한다.
※ 바이어스감은 옷감에 직접 선을 그려서 마름질한다.
※ ★ = 트임 끝

### 만드는 순서

1 마름질하는 법을 참조하여 옷감을
마르고 준비 작업을 한다.
5 고리를 만든다.
10 단추를 단다.
4 어깨선을 박는다.
뒤
6 목둘레선을 처리한다.
〈원피스〉
앞
2 앞판에 접박기를 한다.
7 진동둘레를 처리한다.
3 뒤판
중심선을
박는다.
〈블라우스〉
앞
8 주머니를 만들고
옆선을 박는다.
9 슬릿과 밑단을 박는다.

※ 만드는 법은 원피스와 같다.
(단, 주머니는 달지 않음)

### 준비 작업

접음선에서 접는다
앞판
(안)
뒤판
(안)
뒤판
(안)
1
6
밑단을 2번 접는다
1
6
밑단을 2번 접는다
반으로 접는다
고리용
바이어스감(겉)
골선
0.8
목둘레용·진동둘레용
바이어스감(겉)

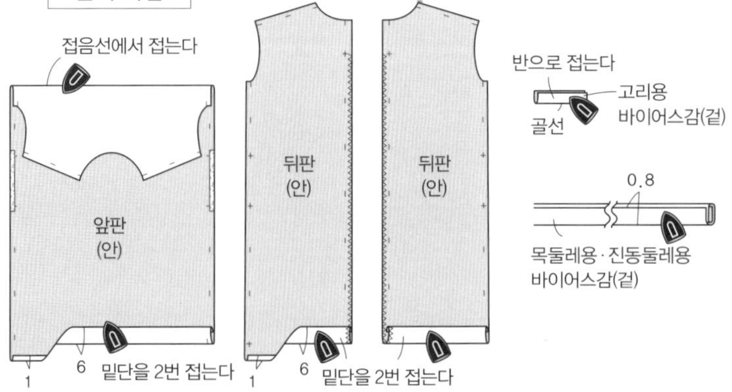

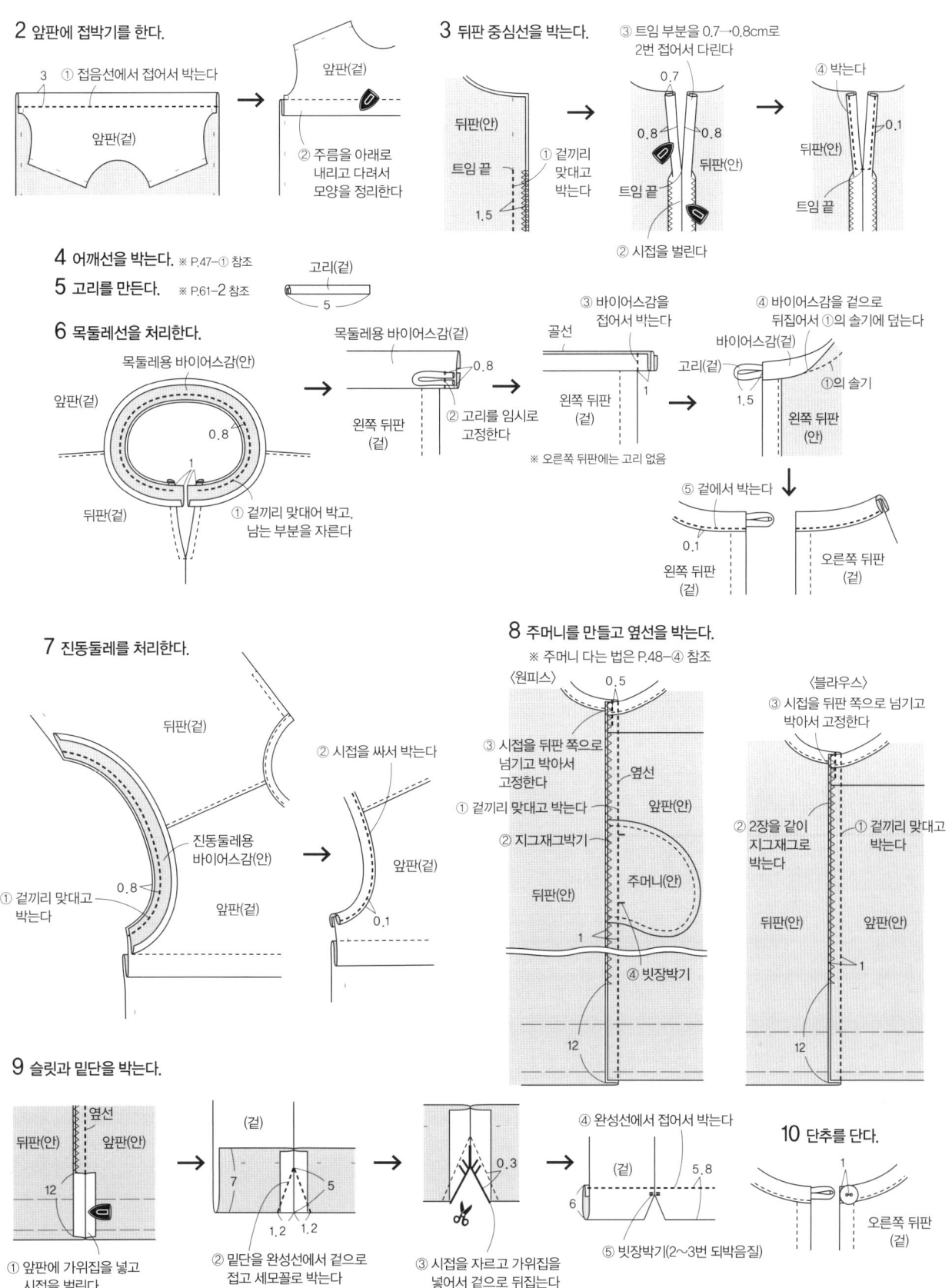

# 매일 입는 풀오버

photo P.16

### 완성 치수(S/M/L/LL/ 롤업 소매, 퍼프 소매 공통)
가슴둘레 106/110/114/118cm
전체 길이 52.5/54/55/56cm

### 재료(S/M/L/LL)
· 고밀도 면 줄무늬(남색 7mm 폭) 105cm 폭x155/160/165/165cm
· 접착심지 30x10cm
· 지름 1.1cm 단추 2개

실물 크기 옷본 3면【9】
1-앞판  2-뒤판  3-소매

〈롤업 소매〉
실물 크기 옷본 3면【10】
1-앞판  2-뒤판  3-소매

〈퍼프 소매〉
실물 크기 옷본 3면【11】
1-앞판  2-뒤판  3-소매

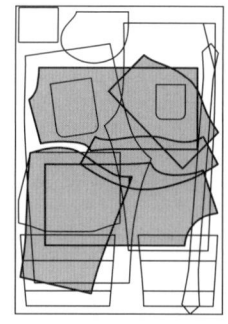

### 알맞은 옷감
브로드클로스, 시팅, 타이프라이터클로스, 론, 얇은 두께~중간 두께 리넨이나 면마, 옥스퍼드, 피케, 트윌, 극세 코듀로이, 거즈, 비엘라, 보일, 시어서커

### 옷감을 마름질하는 법

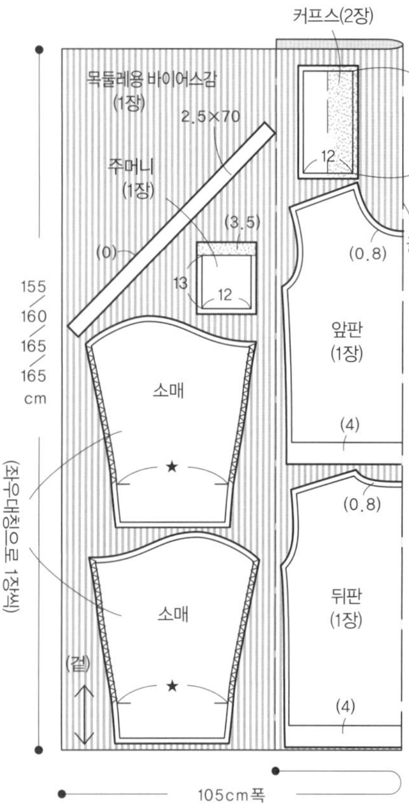

※ 위에서부터 S/M/L/LL.
※ ( ) 안은 시접. 정해진 것 이외에는 1cm.
※ ▨ 는 뒷면에 접착심지를 붙인다.
※ ～～～ 는 지그재그박기로 처리한다.
※ 주머니, 커프스, 바이어스감은 옷감에 직접 선을 그려서 마름질한다.
※ ★ = 트임 끝

### 만드는 순서

1 마름질하는 법을 참조하여 옷감을 마르고 준비 작업을 한다.
2 주머니를 단다.
3 어깨선을 박는다.
4 목둘레선을 처리한다.
5 옆선을 박는다.
6 밑단을 처리한다.
7 소매를 박는다.
8 커프스를 만들어서 단다.
9 소매를 단다.
10 단춧구멍을 만들고 단추를 단다.

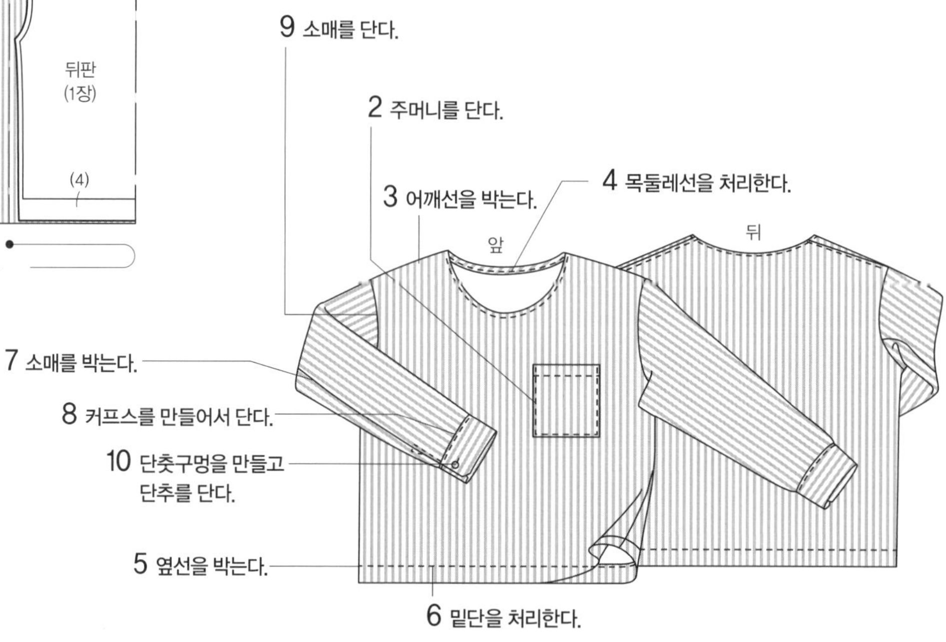

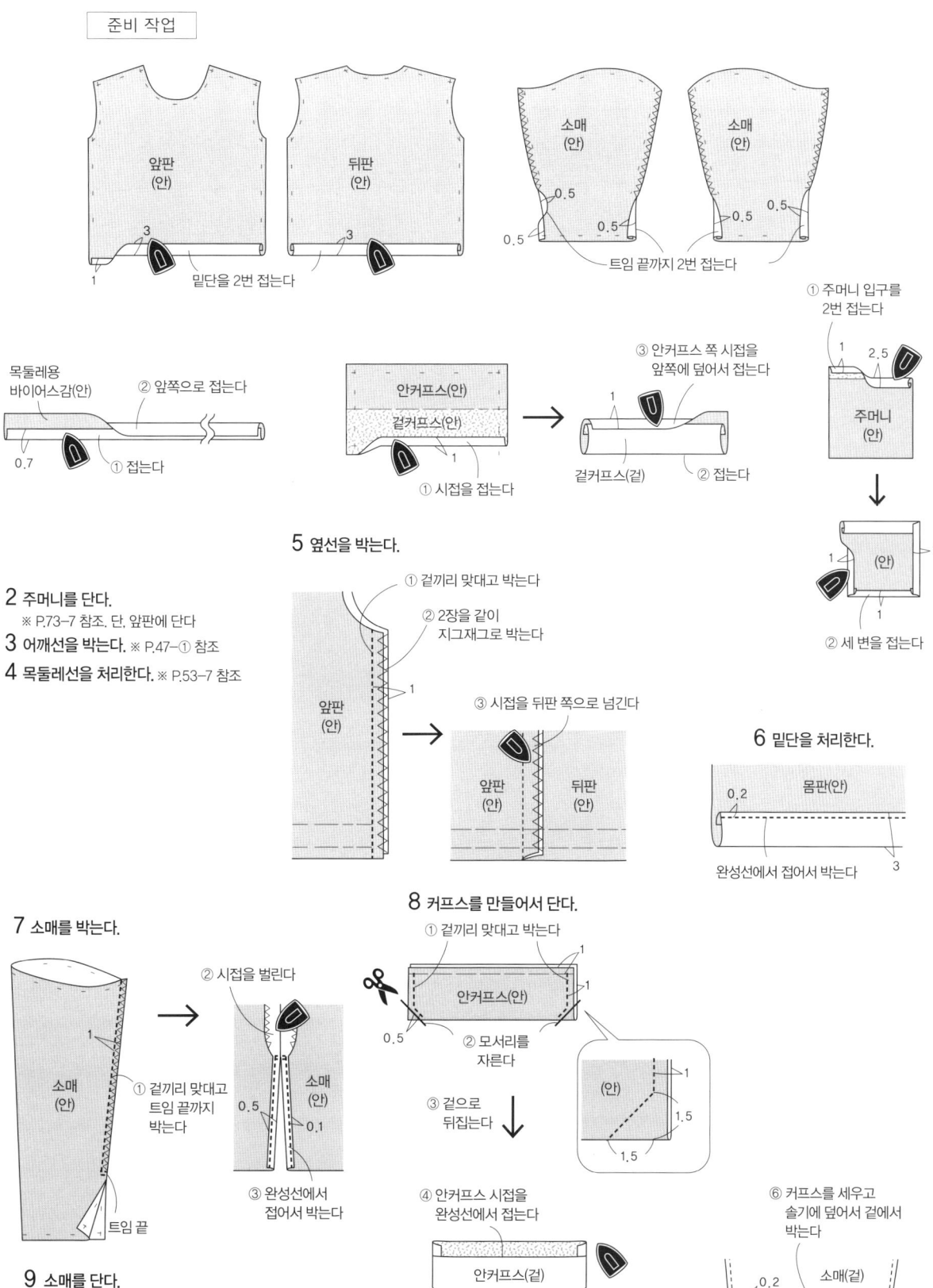

## 매일 입는 풀오버 | 롤업 소매  photo P.18

**재료(S/M/L/LL)**
- 내추럴 코튼(무염색) 110cm 폭×135/140/145/145cm

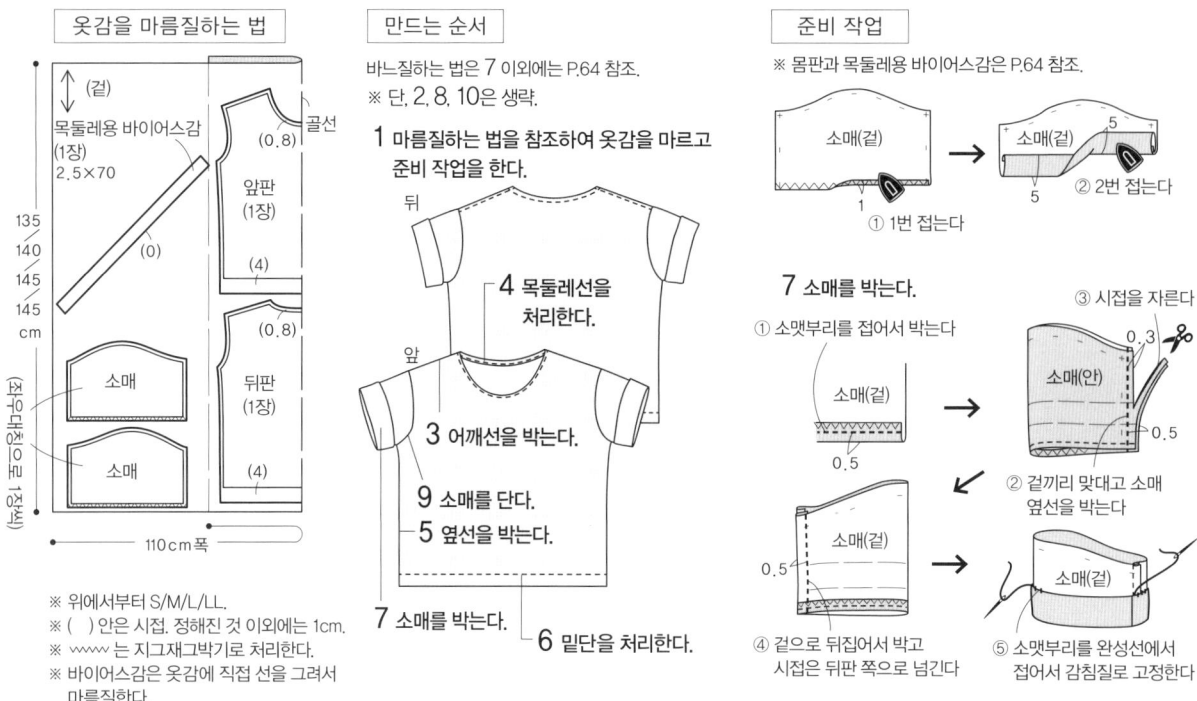

※ 위에서부터 S/M/L/LL.
※ ( ) 안은 시접. 정해진 것 이외에는 1cm.
※ ∿∿∿ 는 지그재그박기로 처리한다.
※ 바이어스감은 옷감에 직접 선을 그려서 마름질한다.

---

## 매일 입는 풀오버 | 퍼프 소매  photo P.19

**재료(S/M/L/LL)**
- 100번수 쌍사 깅엄체크(검정) 110cm 폭×135/140/145/145cm

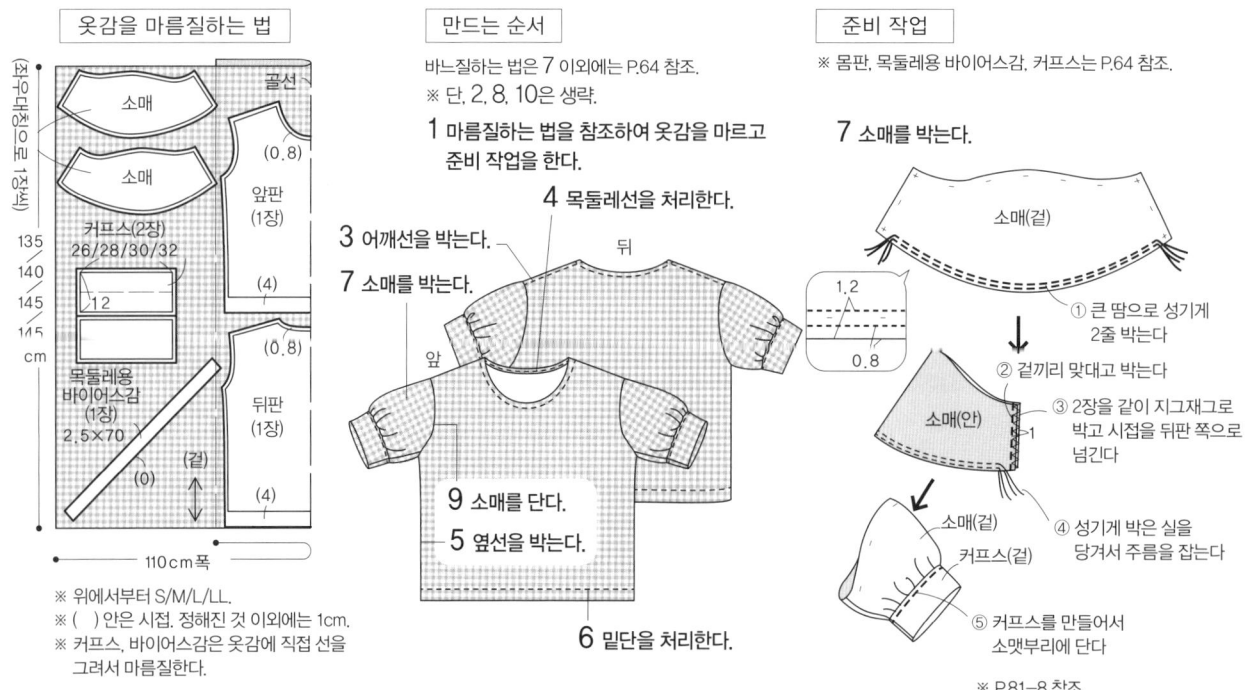

※ 위에서부터 S/M/L/LL.
※ ( ) 안은 시접. 정해진 것 이외에는 1cm.
※ 커프스, 바이어스감은 옷감에 직접 선을 그려서 마름질한다.

# 통 바 지

photo P.22

### 완성 치수(S/M/L/LL)
바지 길이 102/103/104/105cm

### 재료(S/M/L/LL)
- 워싱 면마 캔버스(오프화이트) 110cm 폭×265/270/280/290cm
- 접착심지 20×10cm
- 0.7cm 폭 늘어남 방지 테이프 40cm
- 2.5cm 폭 납작 고무줄 70cm(허리 치수에 맞춰서 조절)
- 두꺼운 종이 조금

### 실물 크기 옷본 3면 【12】
1-바지 앞판 2-바지 뒤판
3-주머니 4-앞주머니 5-뒷주머니

※ 바지 앞판과 바지 뒤판은 각각 '바지 앞판 계속', '바지 뒤판 계속'과 맞춤 표시끼리 이어서 옷본 하나로 만들어서 사용한다.

### 알맞은 옷감
중간 두께 리넨, 중간 두께 면, 면마 캔버스, 치노클로스, 웨더클로스, 중간 두께 캔버스, 타이프라이터클로스, 트윌, 코듀로이, 면벨벳, 얇은 두께 모

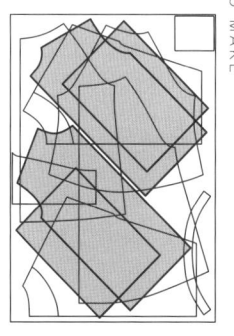

### 만드는 순서

1 마름질하는 법을 참조하여 옷감을 마르고 준비 작업을 한다.

2 주머니를 단다.

3 옆주머니를 만들고 접박기 주름을 접는다.

4 옆선을 박는다.

5 밑아래를 박는다.

6 밑위를 박는다.

7 밑단을 처리한다.

8 허릿단을 만들어서 단다.

9 허리띠 고리를 만들어서 단다.

10 고무줄을 끼운다.

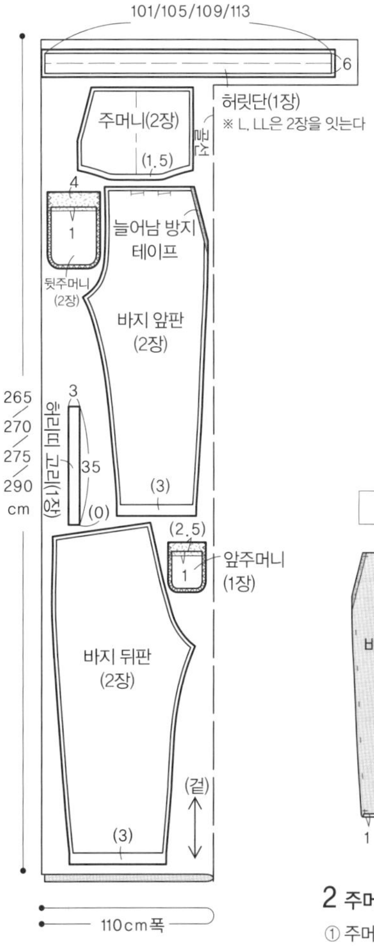

※ 위(왼쪽)에서부터 S/M/L/LL.
※ ( ) 안은 시접. 정해진 것 이외에는 1cm.
※ ▨ 는 뒷면에 접착심지를 붙인다.
※ ▨ 는 뒷면에 늘어남 방지 테이프를 붙인다.
※ ∿∿∿ 는 지그재그박기로 처리한다.
※ 허릿단, 허리띠 고리는 옷감에 직접 선을 그려서 마름질한다.

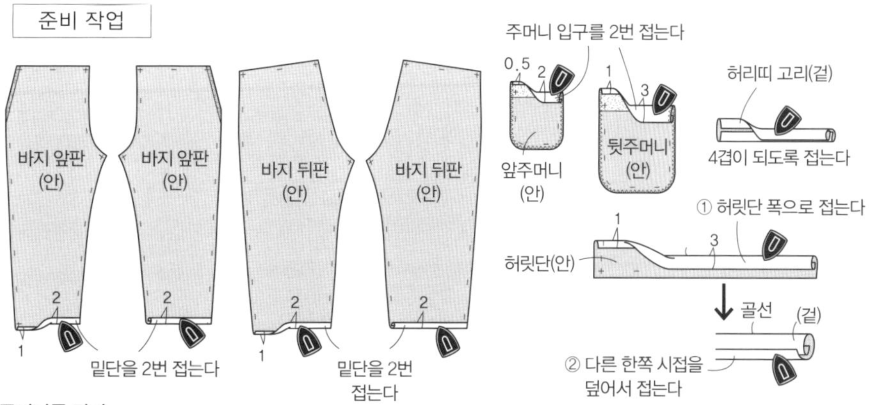

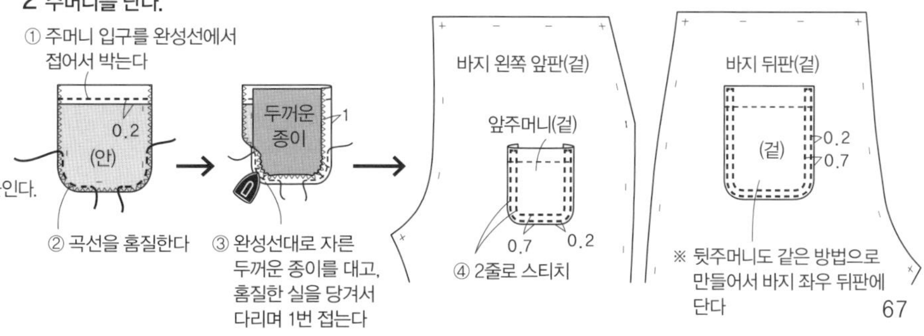

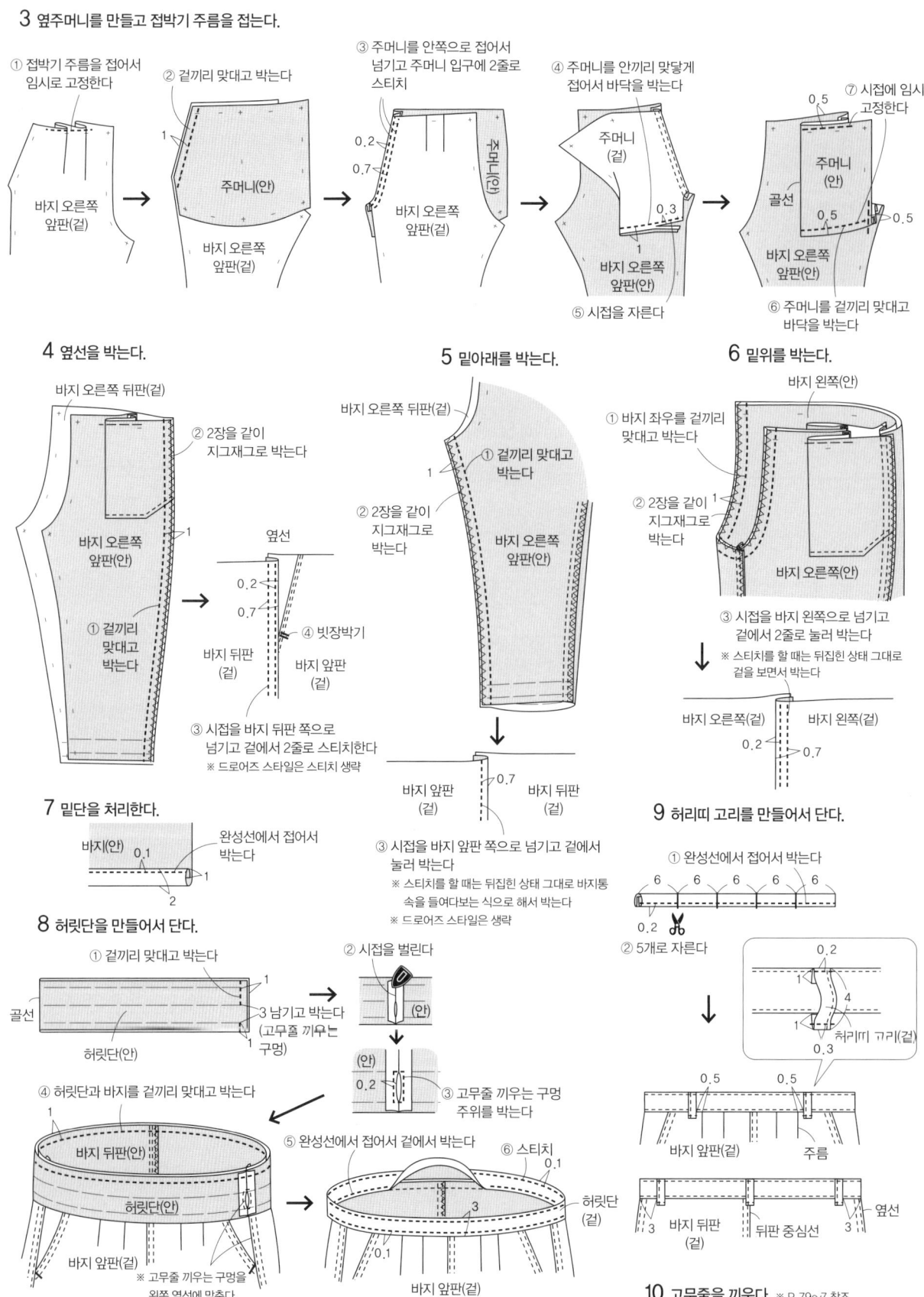

# 통 바 지 | 멜 빵 스 타 일

photo P.24

### 완성 치수(S/M/L/LL)
바지 길이 102/103/104/105cm

### 재료(S/M/L/LL)
- 선염 유라시아 리넨(글렌체크) 120cm 폭x320/325/330/335cm
- 접착심지 20x30cm
- 0.7cm 폭 늘어남 방지 테이프 40cm
- 1cm 폭 능직 테이프 10cm
- 지름 2cm 단추 4개
- 2.5cm 폭 납작 고무줄 70cm(허리 치수에 맞춰서 조절)

### 실물 크기 옷본 3면 【13】
1-바지 앞판  2-바지 뒤판
3-주머니  4-멜빵

※ 바지 앞판과 바지 뒤판은 각각 '바지 앞판 계속', '바지 뒤판 계속'과 맞춤 표시끼리 이어서 옷본 하나로 만들어서 사용한다.

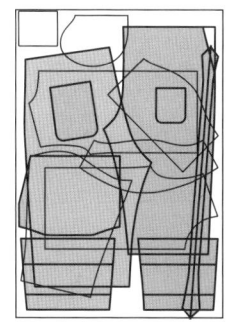

### 옷감을 마름질하는 법

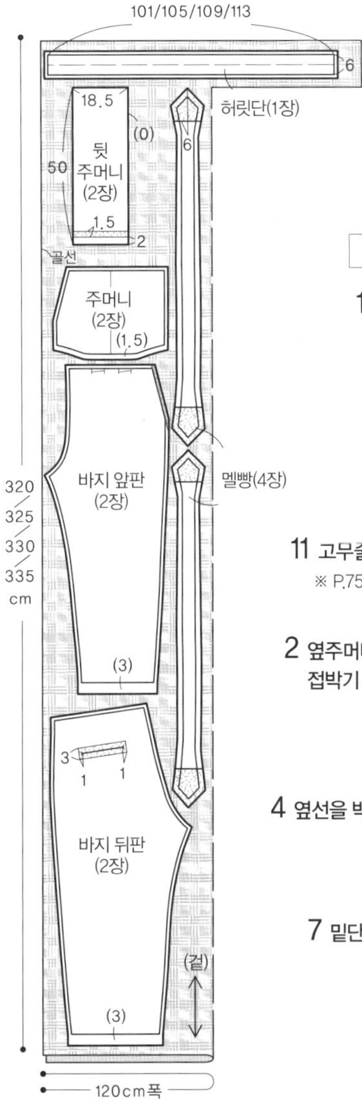

※ 위(왼쪽)에서부터 S/M/L/LL.
※ ( ) 안은 시접. 정해진 것 이외에는 1cm.
※ ▨ 는 뒷면에 접착심지를 붙인다.
※ ▨ 는 뒷면에 늘어남 방지 테이프를 붙인다.
※ 허릿단, 뒷주머니는 옷감에 직접 선을 그려서 마름질한다.

### 만드는 순서

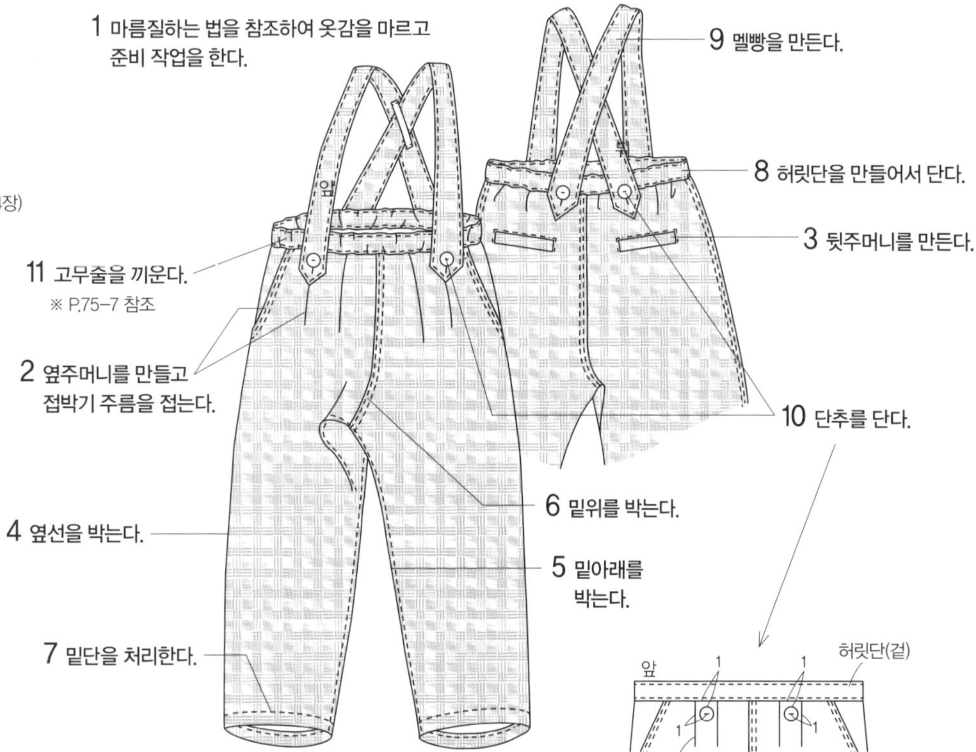

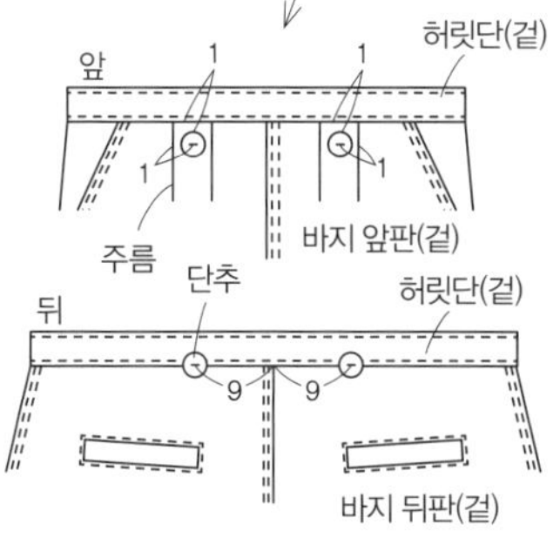

1. 마름질하는 법을 참조하여 옷감을 마르고 준비 작업을 한다.
2. 옆주머니를 만들고 접박기 주름을 접는다.
3. 뒷주머니를 만든다.
4. 옆선을 박는다.
5. 밑아래를 박는다.
6. 밑위를 박는다.
7. 밑단을 처리한다.
8. 허릿단을 만들어서 단다.
9. 멜빵을 만든다.
10. 단추를 단다.
11. 고무줄을 끼운다.
    ※ P.75-7 참조

> 준비 작업

※ P.67의 바지 앞·뒤판의 밑단, 허릿단을 참조.

**2 옆주머니를 만들고 접박기 주름을 접는다.** ※ P.68-3 참조

**3 뒷주머니를 만든다.**

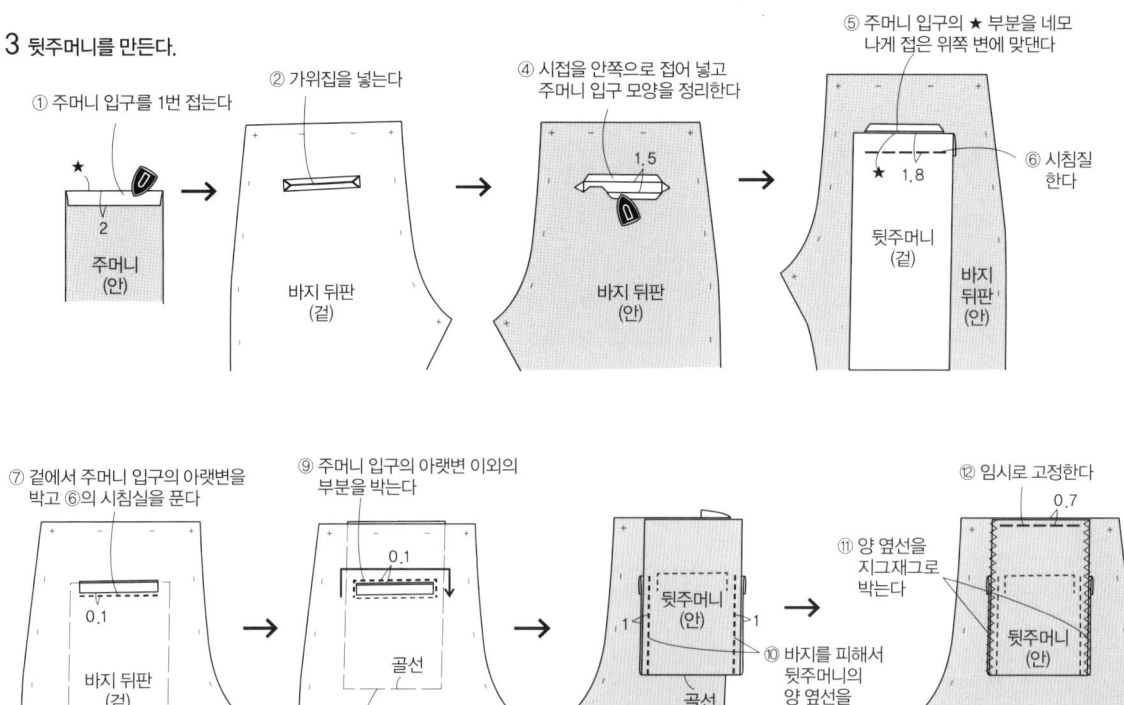

4~8 은 P.67 참조.

**9 멜빵을 만든다.**

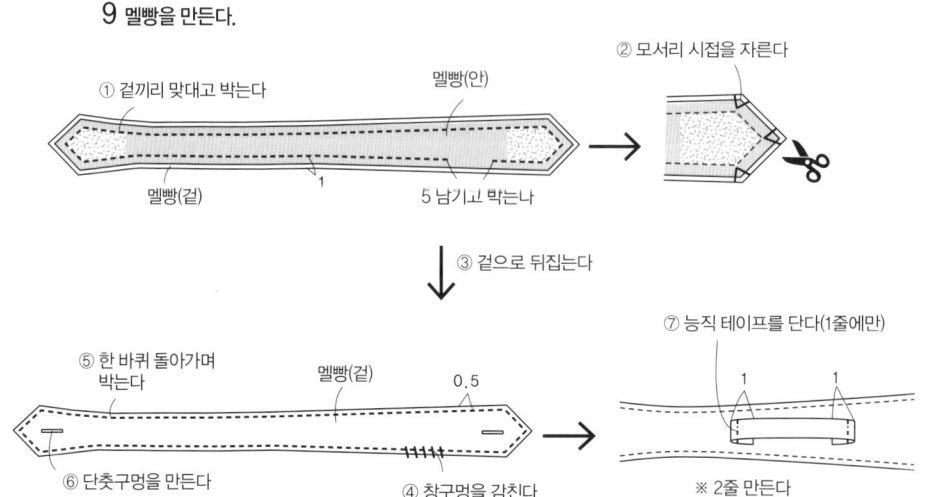

## 통바지 | 드로어즈 스타일　photo P.25

**완성 치수(S/M/L/LL)**
바지 길이 93.5/94.5/96/97cm

**재료(S/M/L/LL)**
- 타이프라이터클로스 110cm 폭×225/230/235/240cm
- 0.3cm 폭 납작 고무줄 24/25/26/27cm 2줄
- 2.5cm 폭 납작 고무줄 70cm(허리 치수에 맞춰서 조절)

실물 크기 옷본 3면 【14】
1-바지 앞판  2-바지 뒤판

※ 바지 앞판과 바지 뒤판은 각각 '바지 앞판 계속', '바지 뒤판 계속'과 맞춤 표시끼리 이어서 옷본 하나로 만들어서 사용한다.

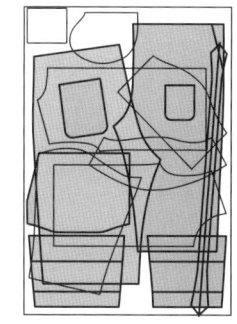

### 옷감을 마름질하는 법

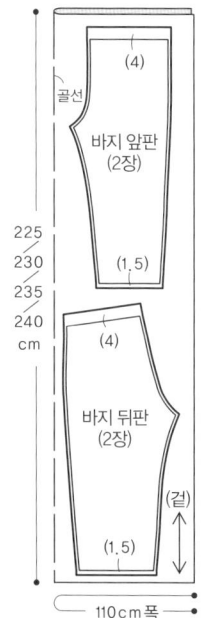

※ 위에서부터 S/M/L/LL.
※ ( ) 안은 시접. 정해진 것 이외에는 1cm.

### 만드는 순서

1 마름질하는 법을 참조하여 옷감을 마르고 준비 작업을 한다.
2 옆선을 박는다. ※ P.68-4 참조
3 밑아래를 박는다. ※ P.68-5 참조
4 밑위를 박는다.
5 허리선을 처리한다.
6 밑단을 처리한다.
7 밑단에 고무 셔링을 잡는다.
8 고무줄을 끼운다. ※ P.75-7 참조

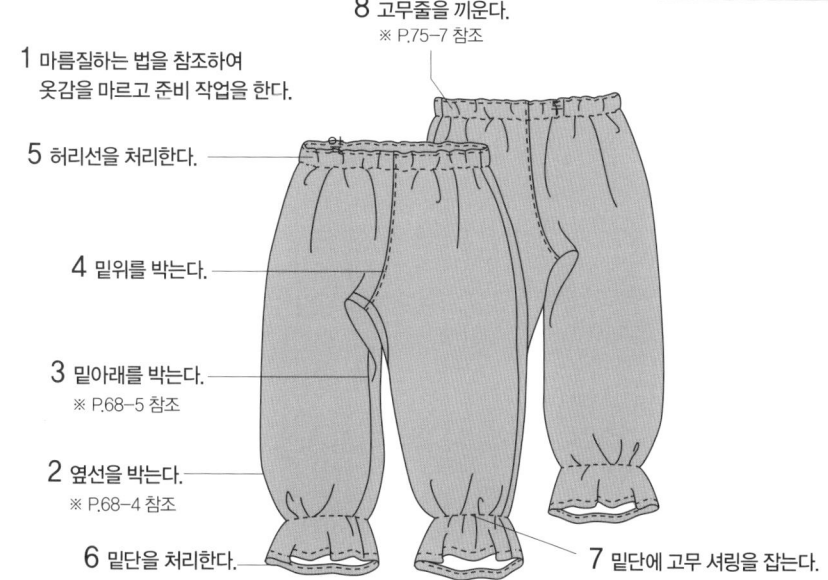

### 준비 작업

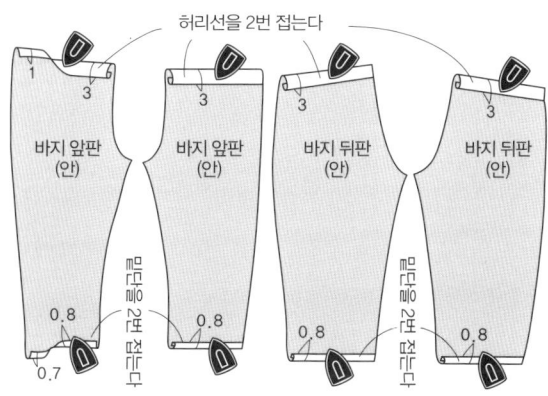

허리선을 2번 접는다

### 5 허리선을 처리한다.

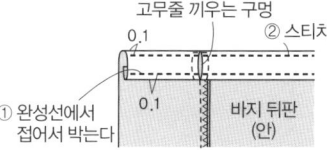

① 완성선에서 접어서 박는다

### 6 밑단을 처리한다.

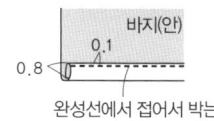

완성선에서 접어서 박는다

### 4 밑위를 박는다.

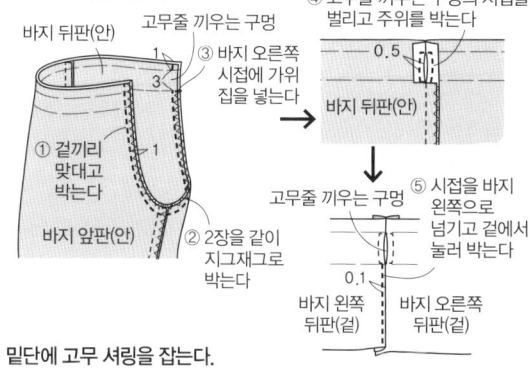

① 겉끼리 맞대고 박는다
② 2장을 같이 지그재그로 박는다
③ 바지 오른쪽 시접에 가위집을 넣는다
④ 고무줄 끼우는 구멍의 시작을 벌리고 주위를 박는다
⑤ 시접을 바지 왼쪽으로 넘기고 겉에서 눌러 박는다

### 7 밑단에 고무 셔링을 잡는다.

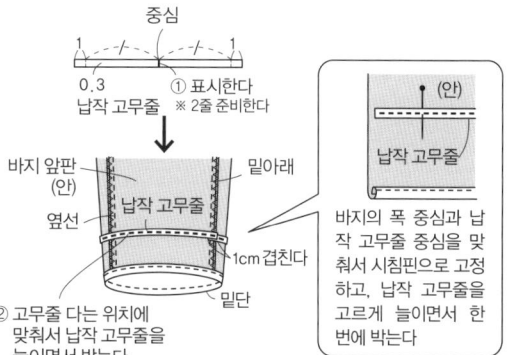

① 표시한다 ※ 2줄 준비한다
② 고무줄 다는 위치에 맞춰서 납작 고무줄을 늘이면서 박는다

바지의 폭 중심과 납작 고무줄 중심을 맞춰서 시침핀으로 고정하고, 납작 고무줄을 고르게 늘이면서 한 번에 박는다

# 종이접기식 원피스

photo P.28

### 완성 치수(S/M/L/LL)
가슴둘레 156/160/164/168cm
전체 길이 118/120/122/124cm

### 재료(S/M/L/LL)
- 벨기에 리넨 면마 덩거리(남색×오프화이트) 110cm 폭×260/260/270/270cm
  ※ LL은 112cm 폭 이상인 옷감을 사용한다
- 접착심지 25×10cm

### 알맞은 옷감
브로드클로스, 시팅, 타이프라이터클로스, 론,
얇은 두께~중간 두께 리넨이나 면마, 옥스퍼드, 피케,
트윌, 극세 코듀로이, 거즈, 비엘라, 보일, 시어서커

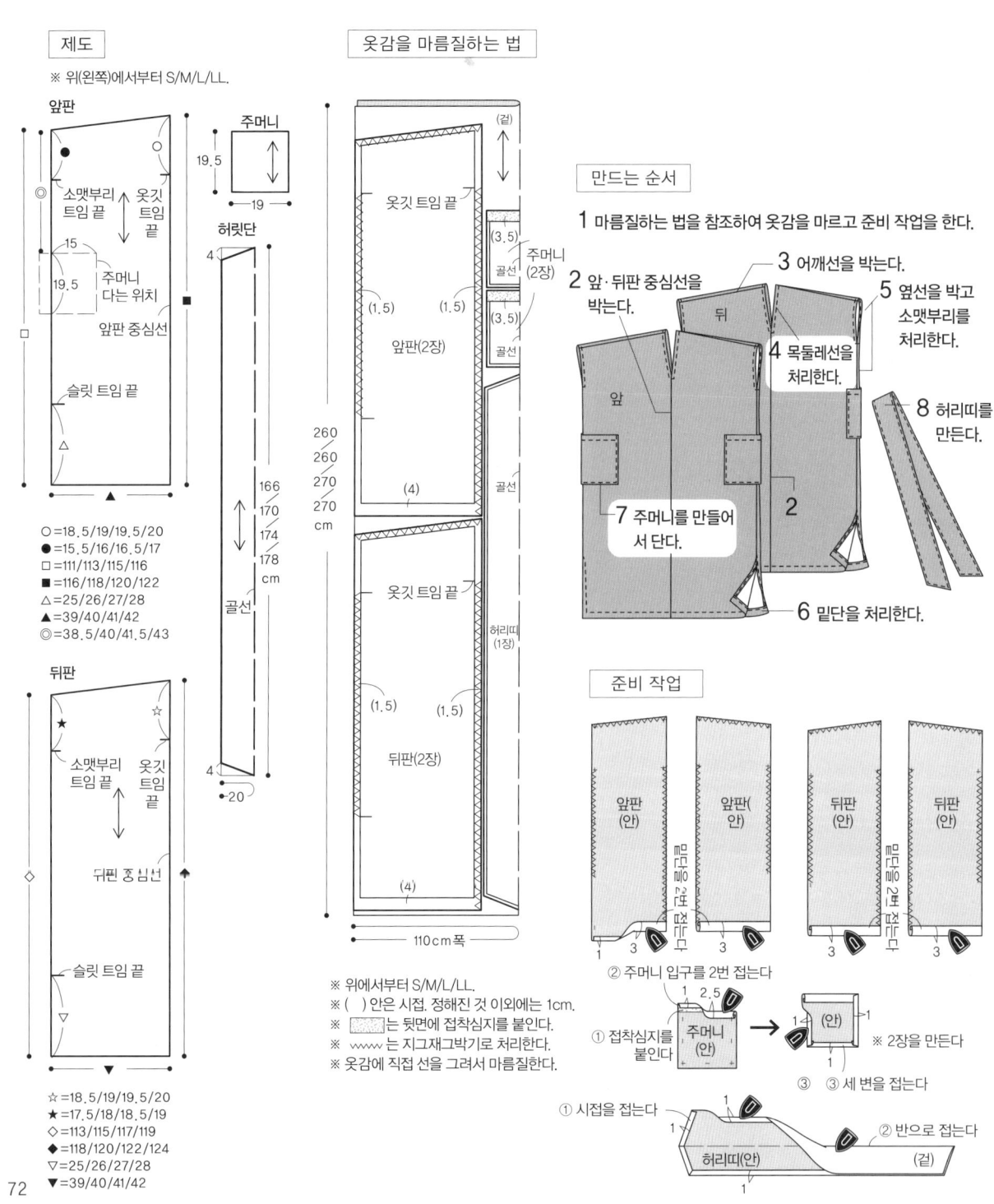

## 2 앞·뒤판 중심선을 박는다.

※ 뒤판도 같은 방법으로 박는다

## 3 어깨선을 박는다.

※ 뒤판도 같은 방법으로 박는다

## 4 목둘레선을 처리한다.

## 5 옆선을 박고 소맷부리를 처리한다.

## 6 밑단을 처리한다.

## 7 주머니를 만들어서 단다.

※ 왼쪽도 같은 방법으로 단다

## 8 허리띠를 만든다.

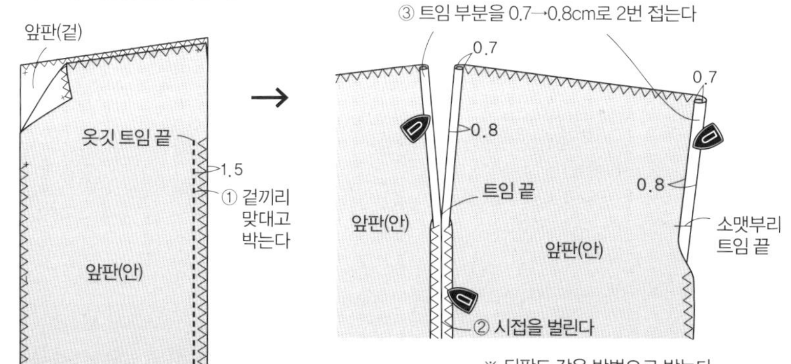

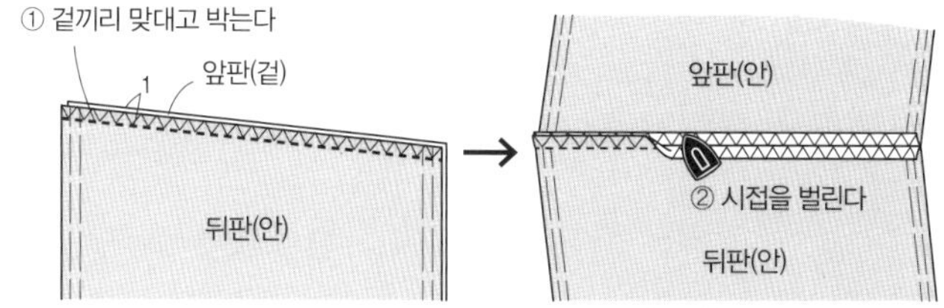

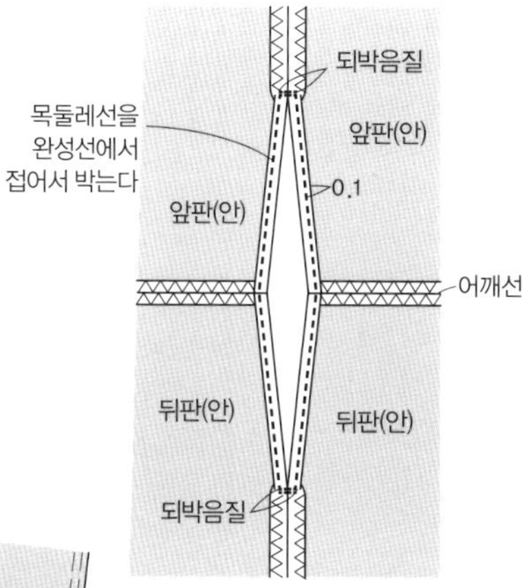

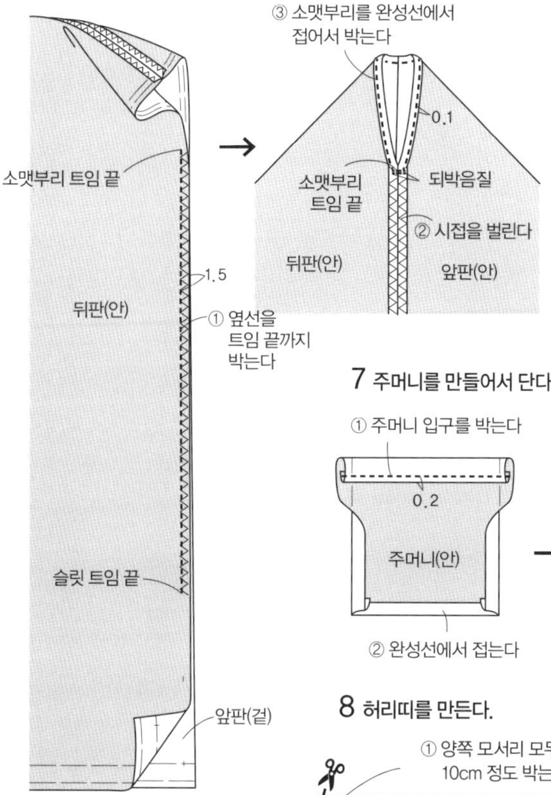

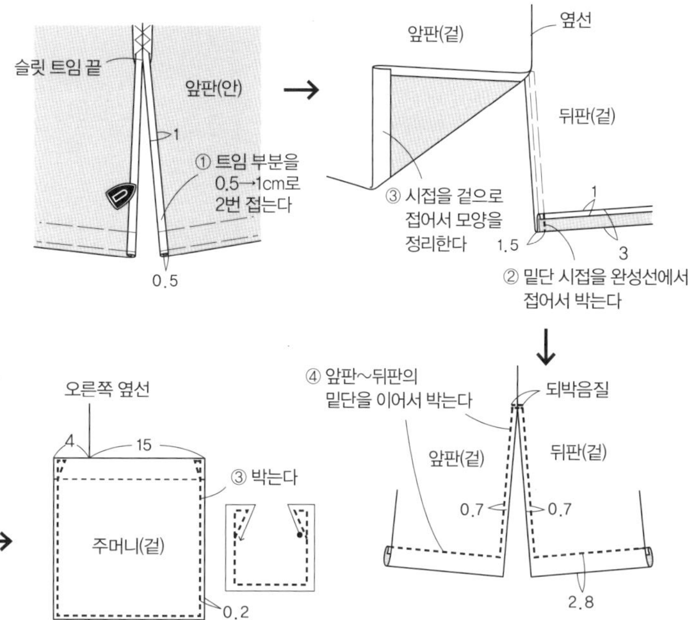

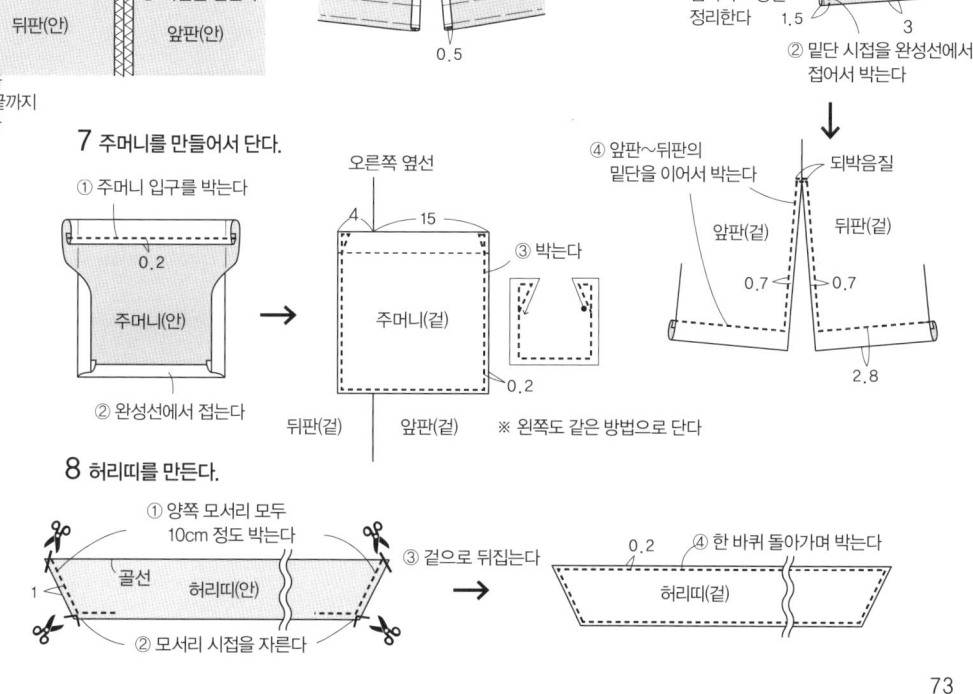

# 빅 포 켓 사루엘 바지

photo P.30

### 완성 치수(프리 사이즈)
바지 길이 73cm

### 재료
- 면마 선염 미니체크 110cm 폭×240cm
- 0.7cm 폭 늘어남 방지 테이프 80cm
- 1cm 폭 면 테이프 8cm
- 2.5cm 폭 납작 고무줄 70cm(허리 치수에 맞춰서 조절)

### 실물 크기 옷본 4면 【17】
1-가운뎃감  2-옆감  3-주머닛감

### 알맞은 옷감
브로드클로스, 시팅, 타이프라이터클로스, 론, 얇은 두께~중간 두께 리넨이나 면마, 옥스퍼드, 피케, 트윌, 극세 코듀로이, 거즈, 비엘라, 보일, 시어서커

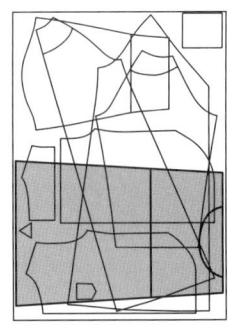

### 옷감을 마름질하는 법

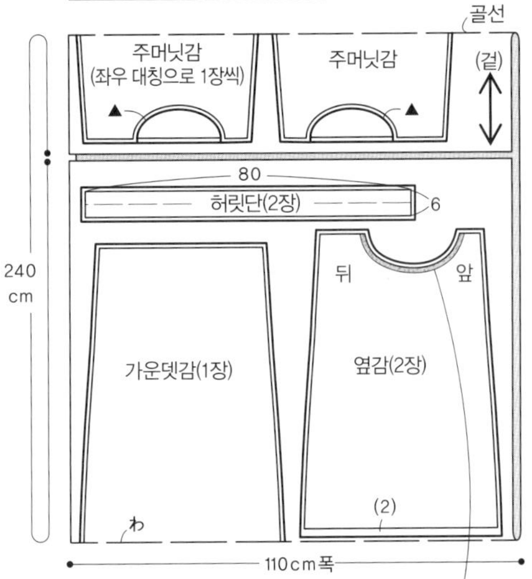

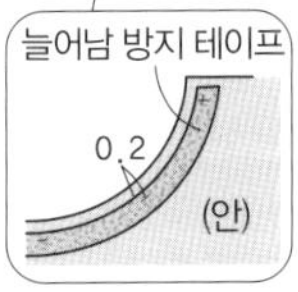

※ ( ) 안은 시접. 정해진 것 이외에는 1cm.
※ ▨ 는 뒷면에 늘어남 방지 테이프를 붙인다.
※ 허릿단은 옷감에 직접 선을 그려서 마름질한다.
※ 주머닛감은 골선으로 마름질한 뒤에 주머니 입구(▲)를 잘라낸다.

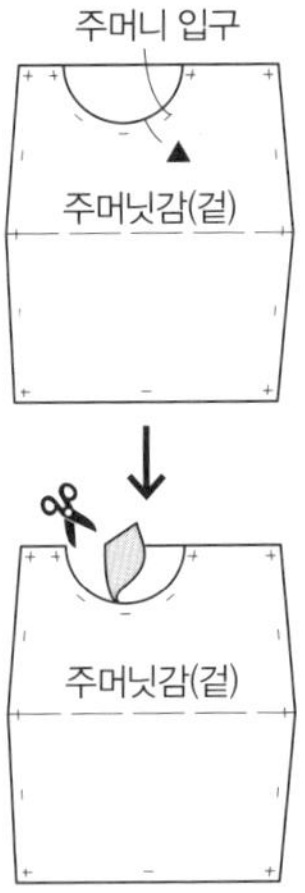

### 만드는 순서

1 마름질하는 법을 참조하여 옷감을 마르고 준비 작업을 한다.
2 주머닛감을 단다.
3 옆감의 밑단을 처리한다.
4 가운뎃감과 옆감을 잇는다.
5 보강용 테이프를 붙인다.
6 허릿단을 만들어서 단다.
7 납작 고무줄을 끼운다.

### 준비 작업

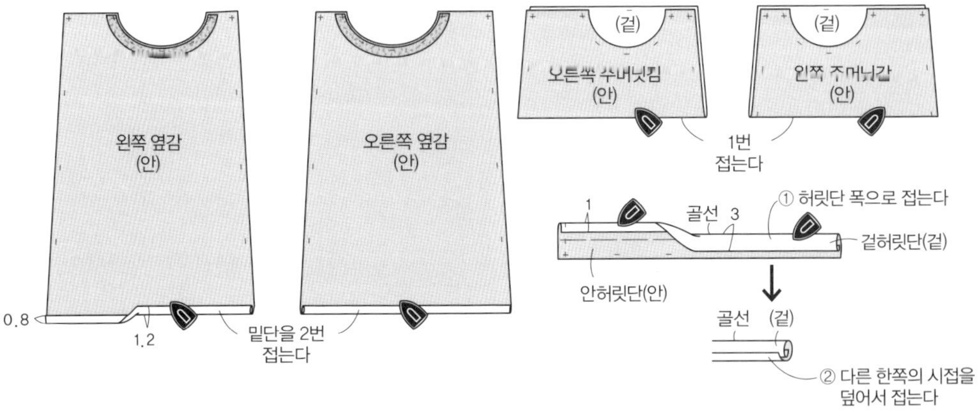

## 2 주머닛감을 단다.

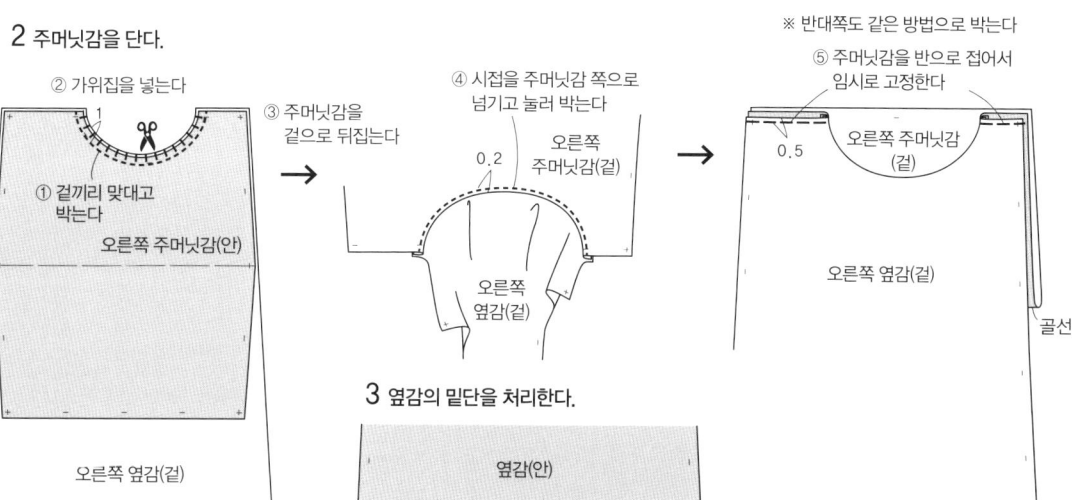

## 3 옆감의 밑단을 처리한다.

## 4 가운뎃감과 옆감을 잇는다.

## 5 보강용 테이프를 붙인다.

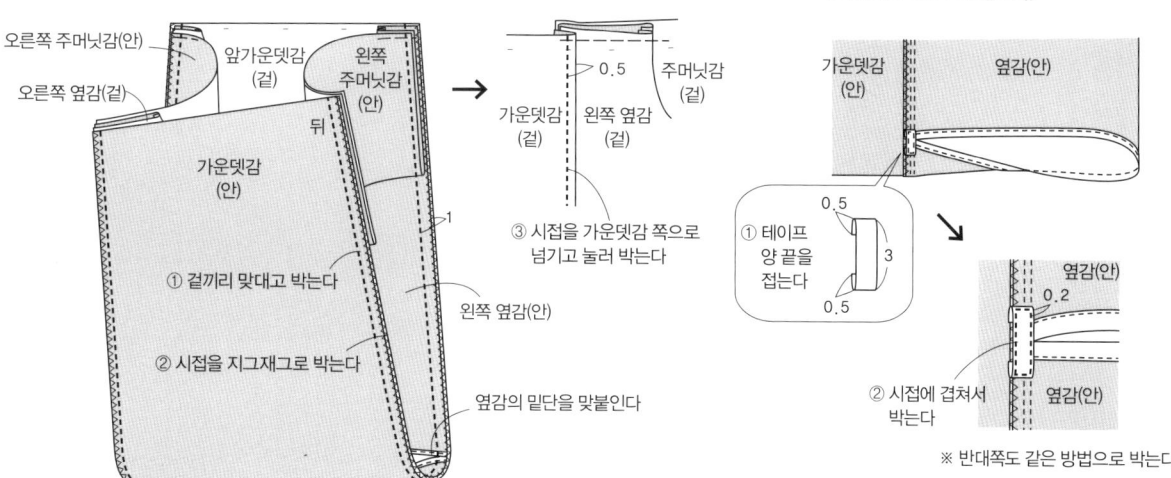

## 6 허릿단을 만들어서 단다.

## 7 납작 고무줄을 끼운다.

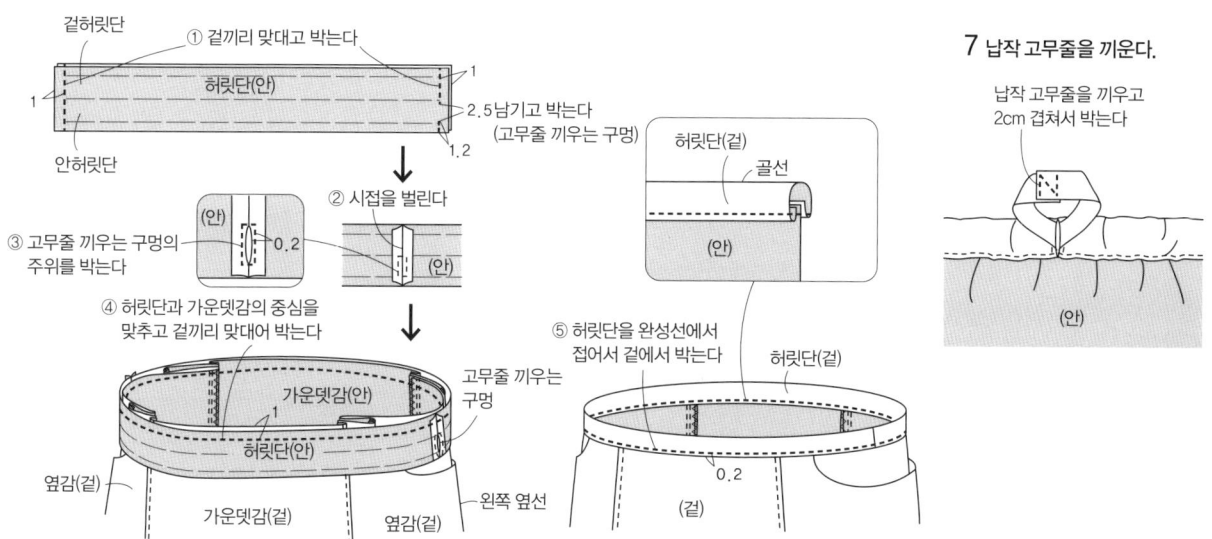

# 사다리꼴 티셔츠

photo P.32

**[어른용]**
완성 치수(S/M/L/LL)
가슴둘레 132/136/140/144cm
전체 길이 55/57.5/59.5/61.5cm

재료(S/M/L/LL)
· 무늬 없는 평직 니트(빨강) 170cm 폭x140cm
· 니트용 접착심지 40x40cm

**[아이용]**
완성 치수(100/110/120/130/140/150)
가슴둘레 88/94/100/106/112/118cm
전체 길이 38.5/41/43.5/46/48.5/51cm

재료(100/110/120/130/140/150)
· 무늬 없는 평직 니트(남색) 170cm 폭x80/85/90/95/100/110cm
· 니트용 접착심지 40x40cm

※ 니트 전용 옷본입니다. 니트용 재봉틀 바늘과 재봉실을 사용하세요.

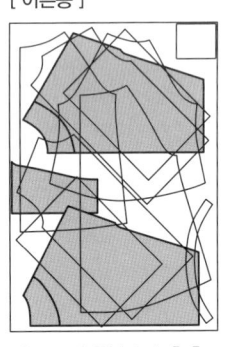

실물 크기 옷본 2면 【7】
1-앞판  2-앞쪽 안단
3-뒤판  4-뒤쪽 안단
5-소매

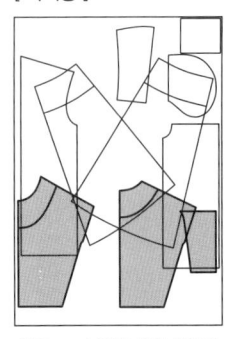

실물 크기 옷본 6면 【23】
1-앞판  2-앞쪽 안단
3-뒤판  4-뒤쪽 안단
5-소매

**알맞은 옷감**
평직 니트, 쭈리, 자카드 니트(신축성 중~고)

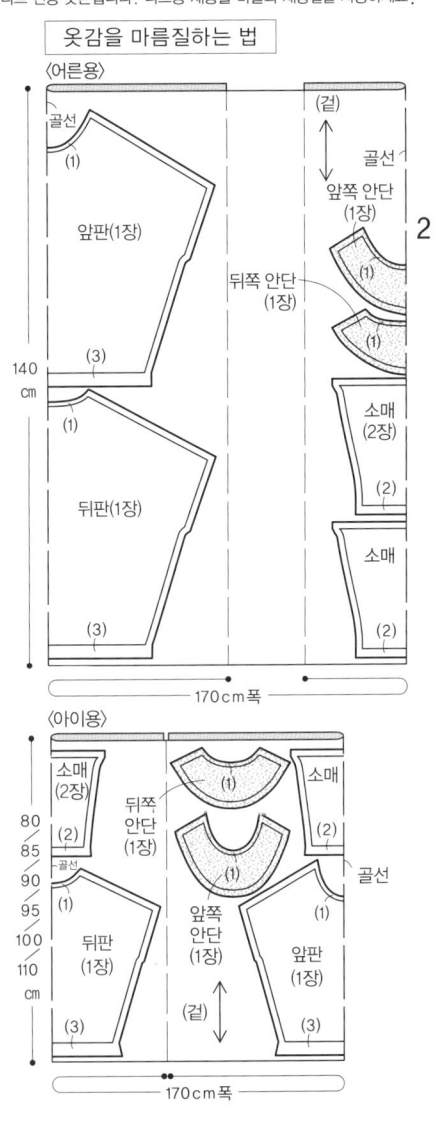

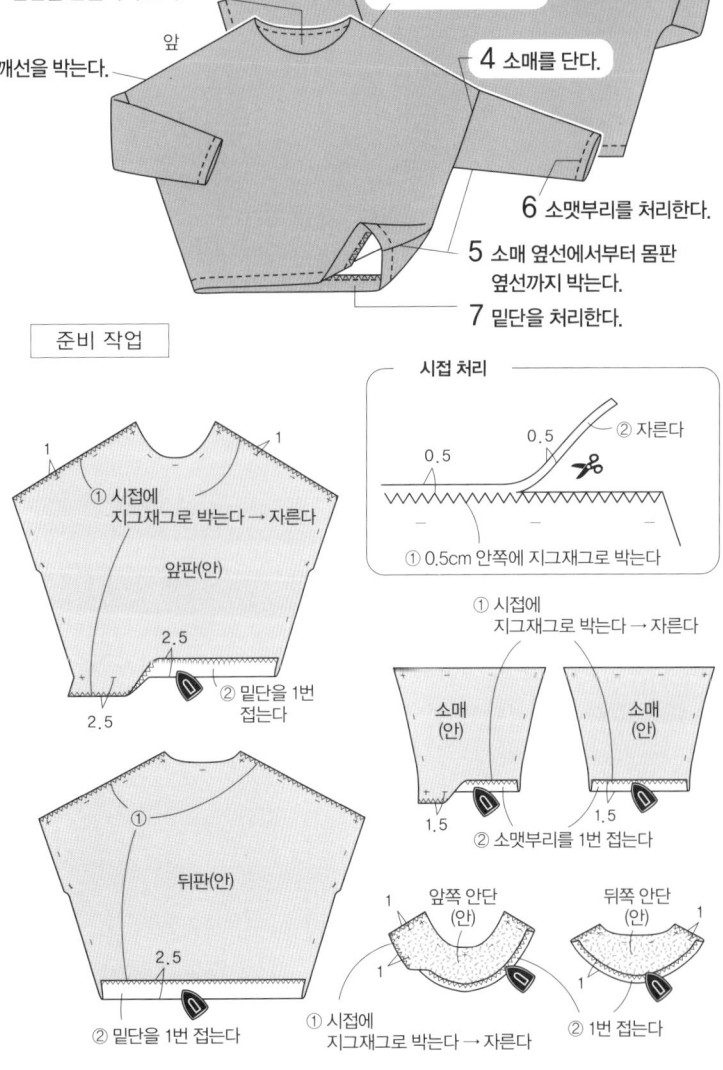

**만드는 순서**
1 마름질하는 법을 참조하여 옷감을 마르고 준비 작업을 한다.
2 어깨선을 박는다.
3 안단을 만들어서 단다.
4 소매를 단다.
5 소매 옆선에서부터 몸판 옆선까지 박는다.
6 소맷부리를 처리한다.
7 밑단을 처리한다.
8 안단을 감친다.

※ 아이용은 위에서부터 100/110/120/130/140/150.
※ ( ) 안은 시접. 정해진 것 이외에는 1cm.
※ ░░░ 는 뒷면에 접착심지를 붙인다.

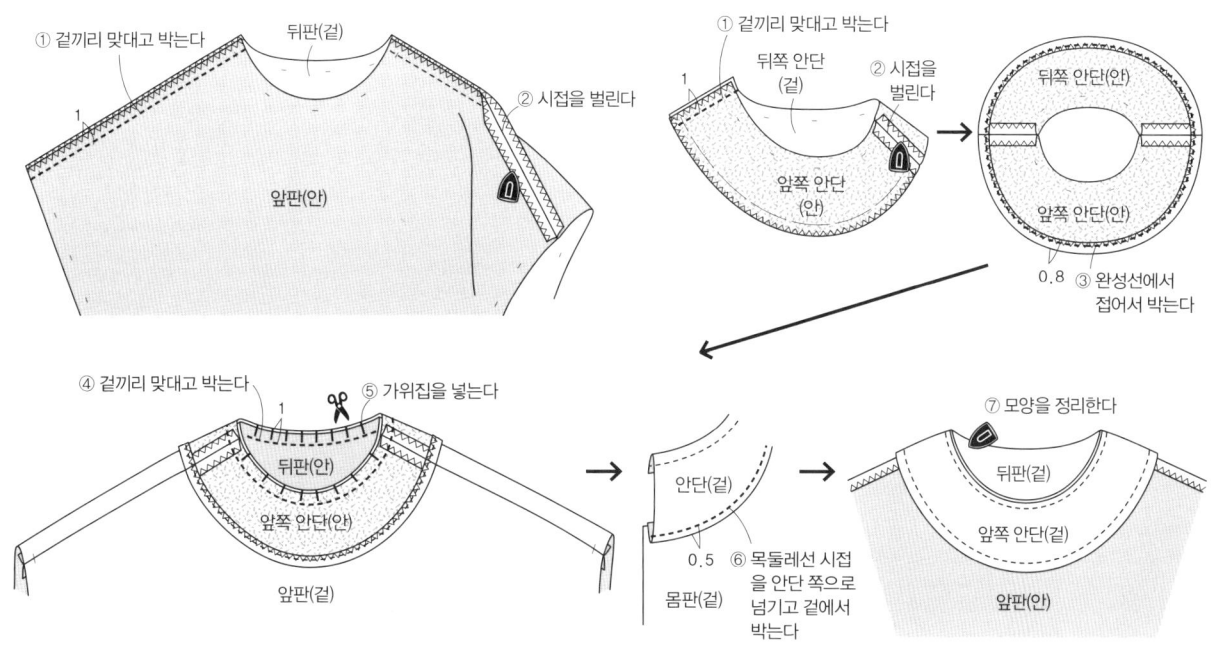

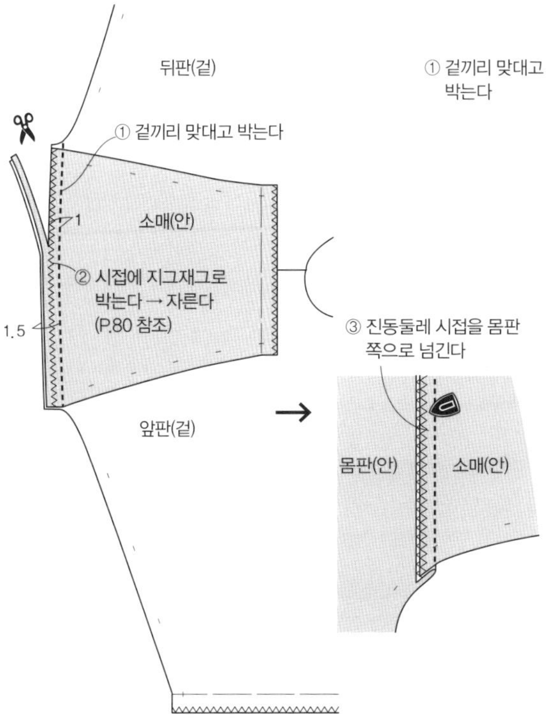

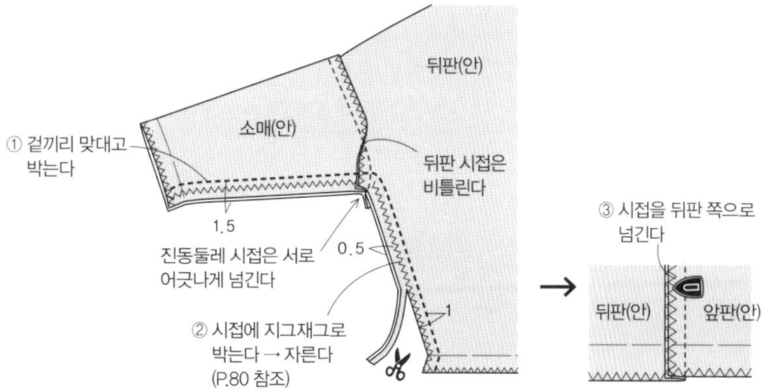

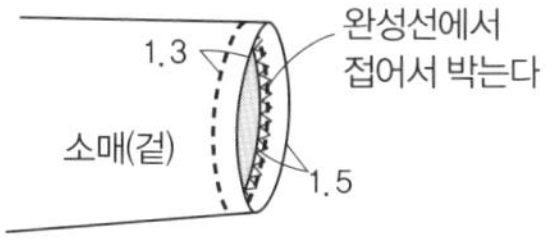

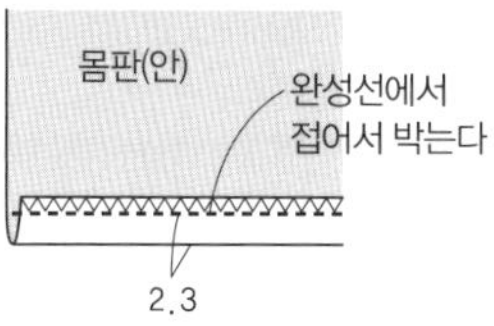

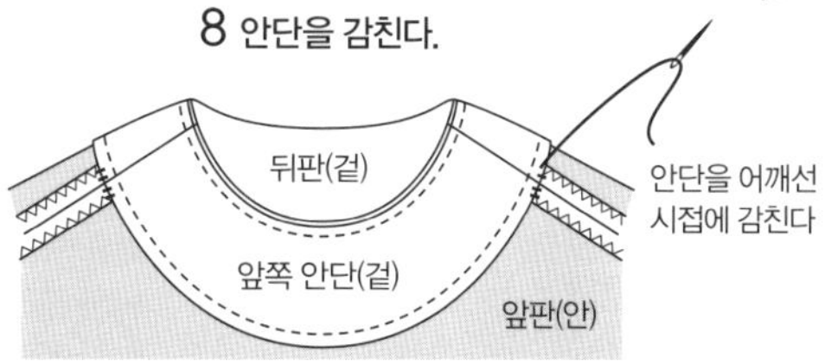

# 가는 끈 멜빵바지

photo P.34

**완성 치수(S/M/L/LL)**
바지 길이 89/90/92/93cm

**재료(S/M/L/LL)**
- 리넨 100% 선염 워싱 펜슬스트라이프(차콜)
  120cm 폭x265/265/270/270cm
- 접착심지 70x20cm
- 0.7cm 폭 늘어남 방지 테이프 40cm
- 안지름 1cm 아일릿 8개

실물 크기 옷본 5면 【18】
1-바지 앞판  2-바지 뒤판  3-가슴바대
4-주머니

**알맞은 옷감**
중간 두께 리넨, 중간 두께 면, 면마 캔버스, 치노클로스, 웨더클로스, 중간 두께 캔버스, 타이프라이터클로스, 트윌, 코듀로이, 면벨벳, 얇은 두께 모

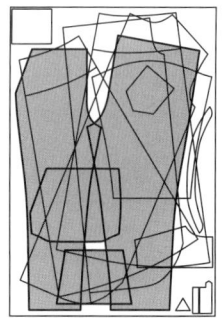

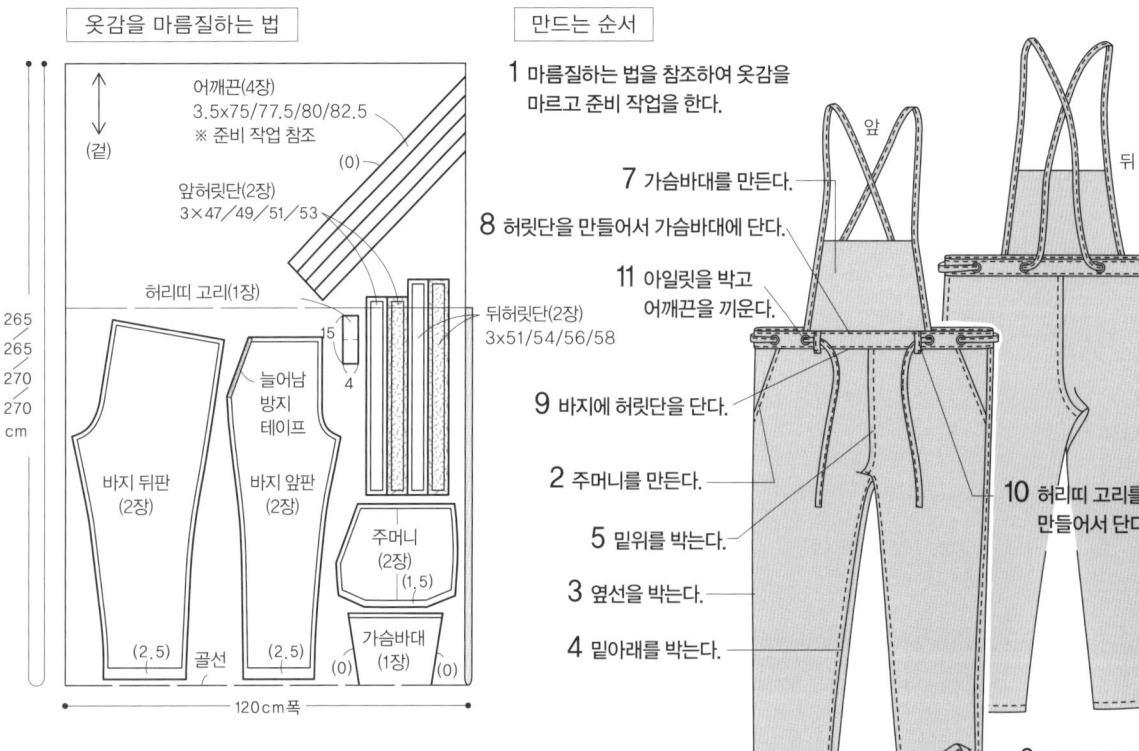

※ 위(왼쪽)에서부터 S/M/L/LL.
※ ( ) 안은 시접. 정해진 것 이외에는 1cm.
※ ▨는 뒷면에 접착심지를 붙인다(안허릿단에만 붙인다).
※ ▨는 뒷면에 늘어남 방지 테이프를 붙인다.
※ 허릿단, 고리, 바이어스감은 옷감에 직접 선을 그려서 마름질한다.

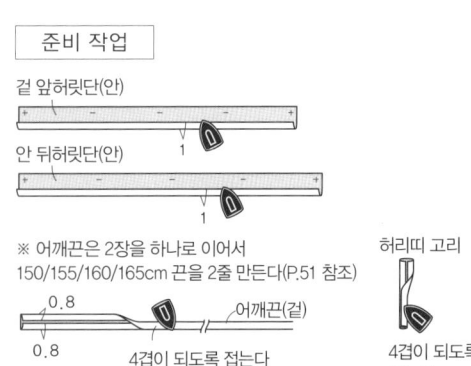

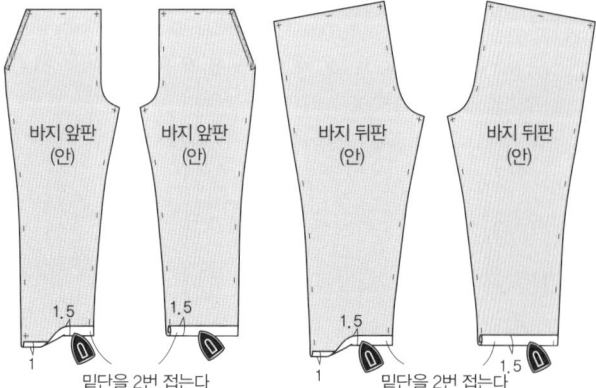

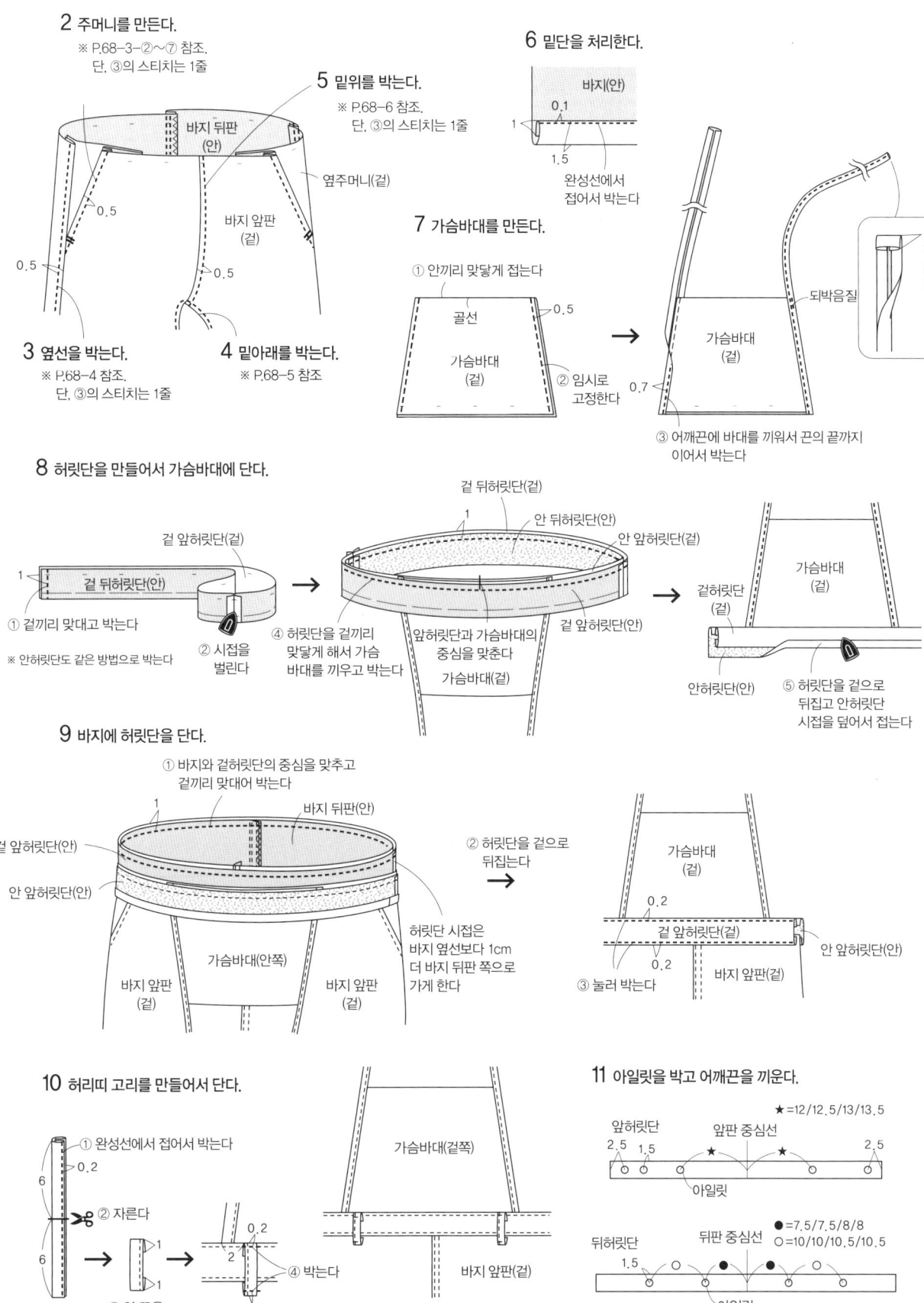

# 주름 블라우스

photo P.36

### 완성 치수(S/M/L/LL)
가슴둘레 127/131/135/139cm
전체 길이 74/75.5/77/78.5cm

### 재료(S/M/L/LL)
- 면마 내추럴 샴브레이(오프화이트)
  110cm 폭×275/280/290/295cm
- 접착심지 50×15cm

### 실물 크기 옷본 2면【14】
1-앞판 2-뒤판 3-소매 4-옷깃

### 알맞은 옷감
브로드클로스, 시팅, 타이프라이터클로스, 론, 얇은 두께~중간 두께 리넨이나 면마, 옥스퍼드, 피케, 트윌, 극세 코듀로이, 거즈, 비엘라, 보일, 시어서커

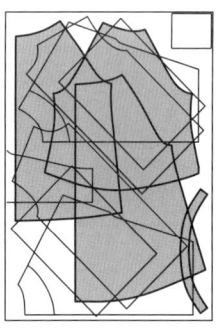

### 옷감을 마름질하는 법

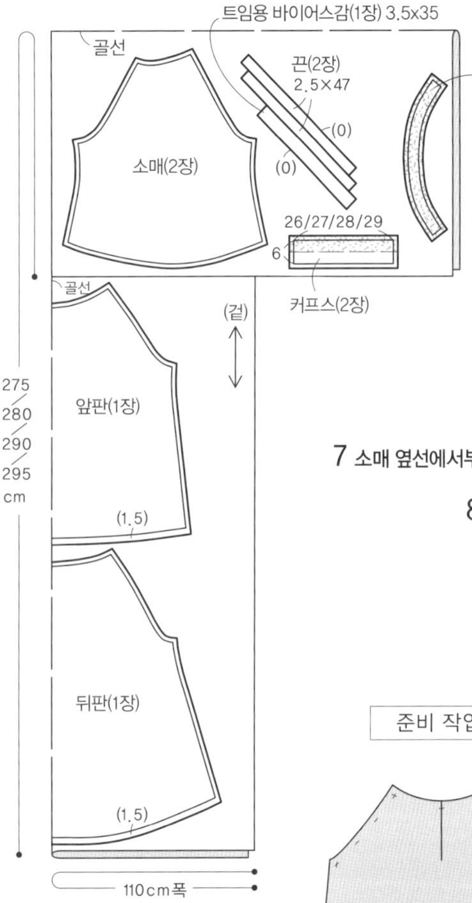

트임용 바이어스감(1장) 3.5×35
끈(2장) 2.5×47
옷깃(2장)
※ 겉깃에만 접착심지를 붙인다
소매(2장)
커프스(2장) 26/27/28/29
앞판(1장)
뒤판(1장)
110cm폭
275/280/290/295cm

※ 위(왼쪽)에서부터 S/M/L/LL.
※ ( ) 안은 시접. 정해진 것 이외에는 1cm.
※ ▨는 뒷면에 접착심지를 붙인다.
※ 커프스, 끈, 트임용 바이어스감은 옷감에 직접 선을 그려서 마름질한다.

### 만드는 순서

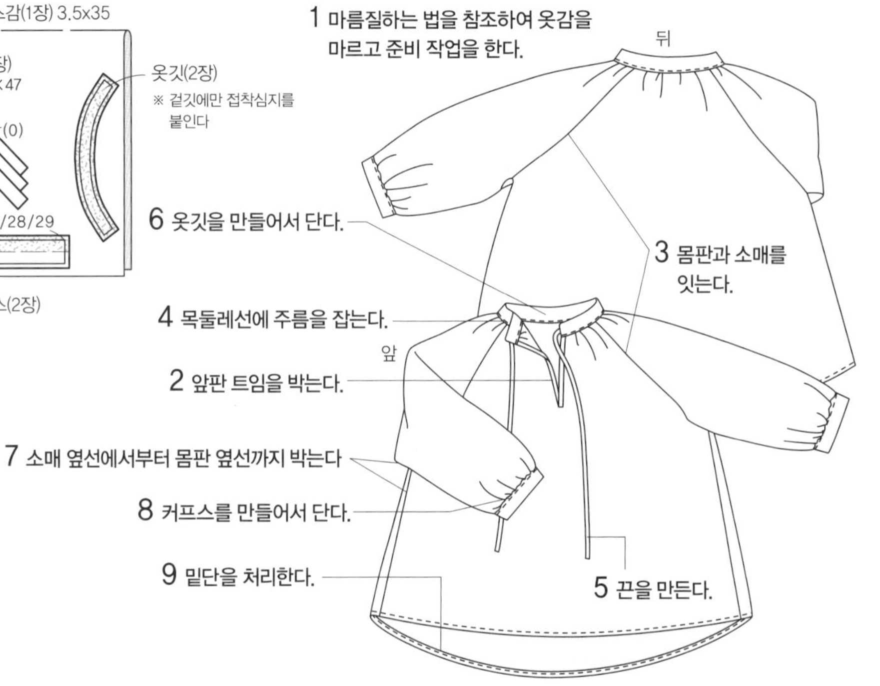

1 마름질하는 법을 참조하여 옷감을 마르고 준비 작업을 한다.
2 앞판 트임을 박는다.
3 몸판과 소매를 잇는다.
4 목둘레선에 주름을 잡는다.
5 끈을 만든다.
6 옷깃을 만들어서 단다.
7 소매 옆선에서부터 몸판 옆선까지 박는다
8 커프스를 만들어서 단다.
9 밑단을 처리한다.

### 준비 작업

앞판(안) 0.8 0.7
뒤판(안) 0.8
밑단을 2번 접는다

겉깃(안) 1 1번 접는다

안커프스(안)
겉커프스(안)
① 시접을 접는다
③ 시접을 앞으로 접는다
안커프스(안)
겉커프스(겉)
② 1번 접는다

트임용 바이어스감(안)
0.8 0.8
① 2번 접는다
② 다른 한쪽 시접을 앞으로 접는다

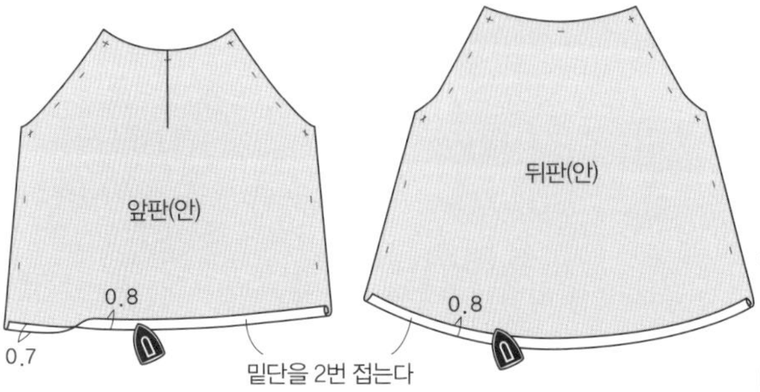

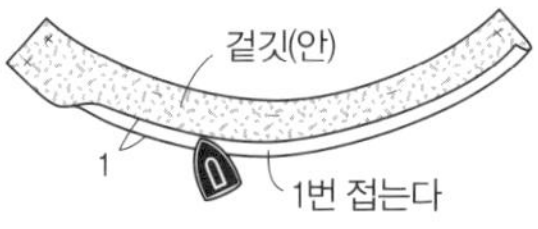

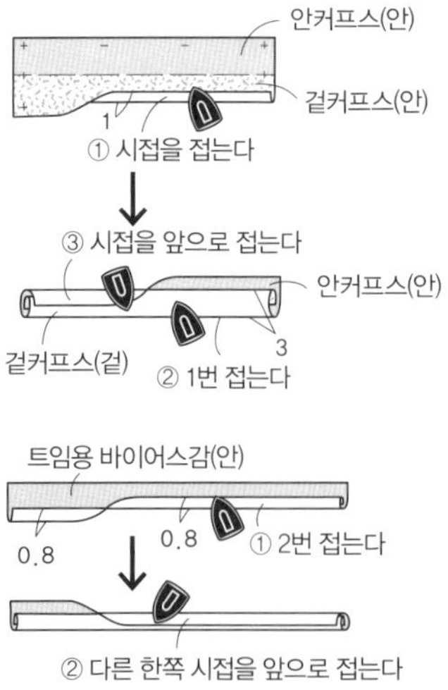

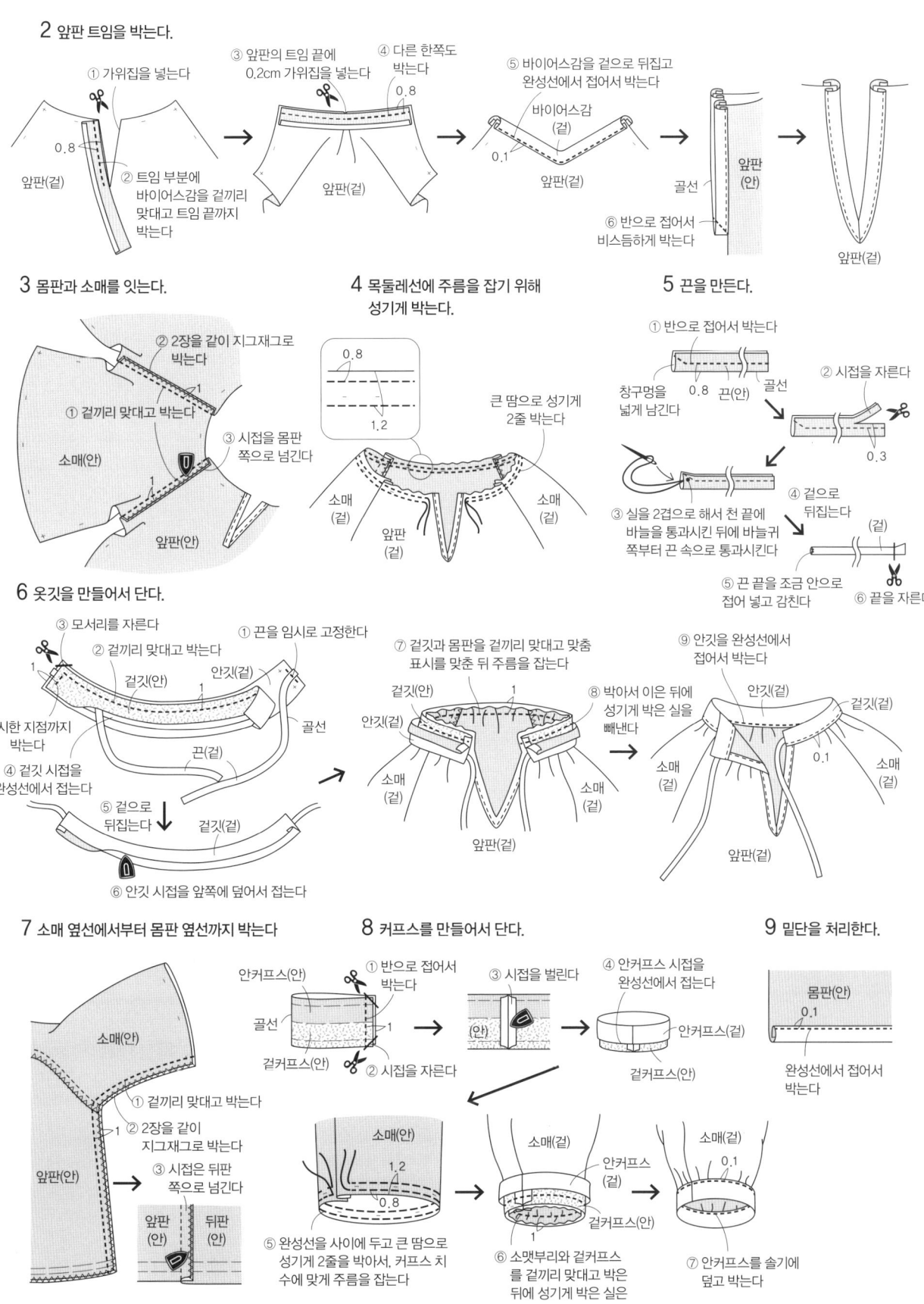

# 카슈쾨르 로브

photo P.38

## 완성 치수(S/M/L/LL)
가슴둘레 121/125/129/133cm
전체 길이 99/100/102/104cm

## 재료(S/M/L/LL)
- 라미 리넨 비엘라(베이지) 110cm 폭×330/330/340/345cm
- 접착심지 50×40cm
- 0.7cm 폭 늘어남 방지 테이프 100cm

실물 크기 옷본 4면 【16】
1-앞판 2-뒤판 3-뒤쪽 안단
4-소매 5-소매 안단
실물 크기 옷본 8면 【8】
공통 주머니

## 알맞은 옷감
브로드클로스, 시팅, 타이프라이터클로스, 론, 얇은 두께~중간 두께 리넨이나 면마, 옥스퍼드, 피케, 트윌, 극세 코듀로이, 거즈, 비엘라, 보일, 시어서커, 중간 두께 리넨, 중간 두께 면, 면마 캔버스, 치노클로스, 웨더클로스, 중간 두께 캔버스, 코듀로이, 면벨벳, 얇은 두께 모

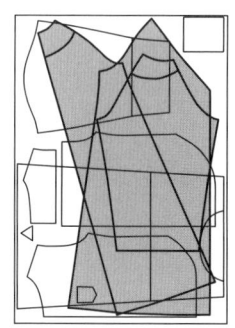

## 옷감을 마름질하는 법

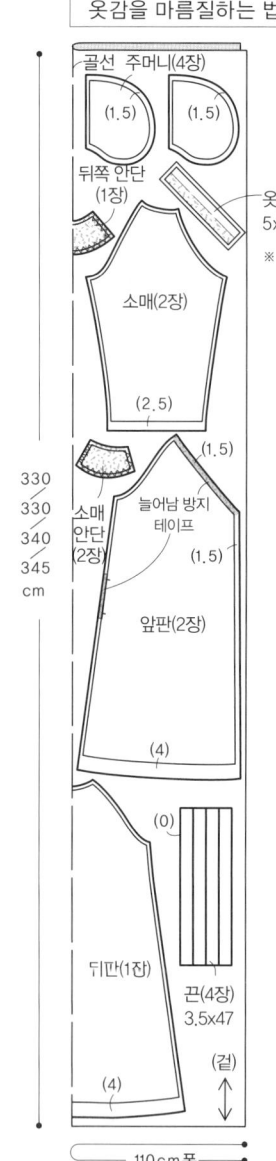

## 만드는 순서

1. 마름질하는 법을 참조하여 옷감을 마르고 준비 작업을 한다.
2. 앞판 목둘레선을 박는다.
3. 끈을 박는다.
4. 몸판과 소매를 잇는다.
5. 안단을 만든다.
6. 옷깃을 만든다.
7. 옷깃과 안단을 단다.
8. 주머니를 달고 소매 옆선에서부터 몸판 옆선까지 박는다.
9. 앞판 끝선을 박는다.
10. 밑단을 처리한다.
11. 소맷부리를 처리한다.

※ 위(왼쪽)에서부터 S/M/L/LL.
※ ( ) 안은 시접. 정해진 것 이외에는 1cm.
※ ▨ 는 뒷면에 접착심지를 붙인다.
※ ▩ 는 뒷면에 늘어남 방지 테이프를 붙인다.
※ www 는 지그재그박기로 처리한다.
※ 옷깃, 끈은 옷감에 직접 선을 그려서 마름질한다.

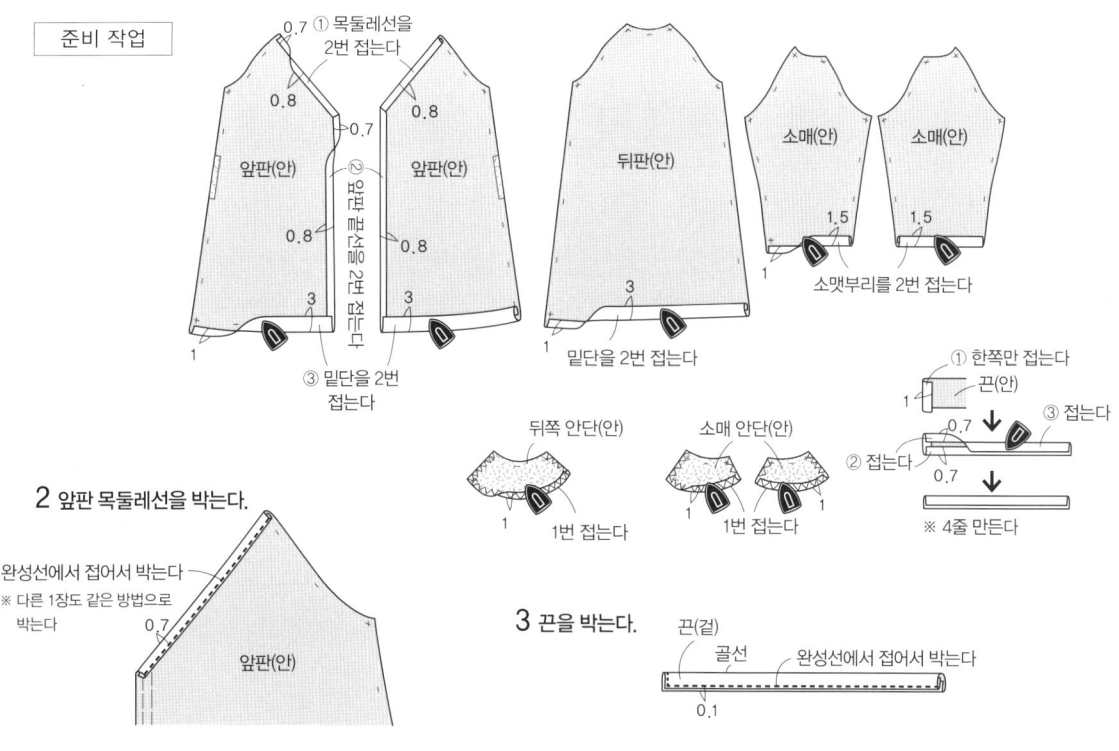

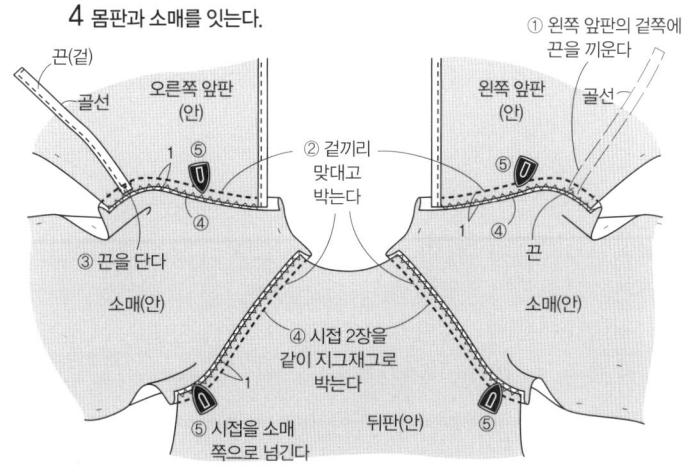

**6 옷깃을 만든다.**

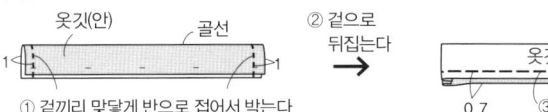

**7 옷깃과 안단을 단다.**

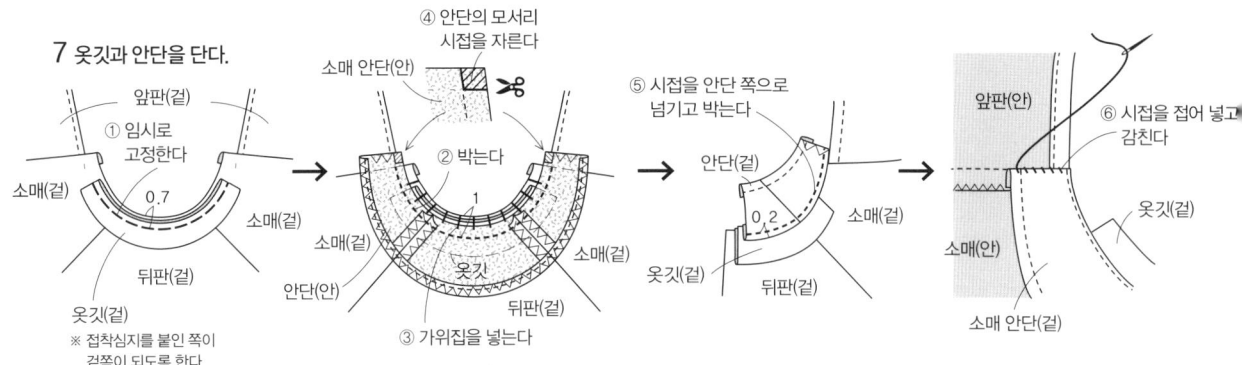

**8 주머니를 달고 소매 옆선에서부터 몸판 옆선까지 박는다.**

※ 주머니 다는 법은 P.48-④ 참조

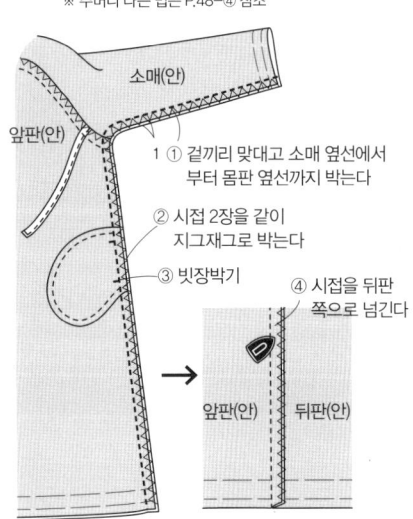

**9 앞판 끝선을 박는다.**

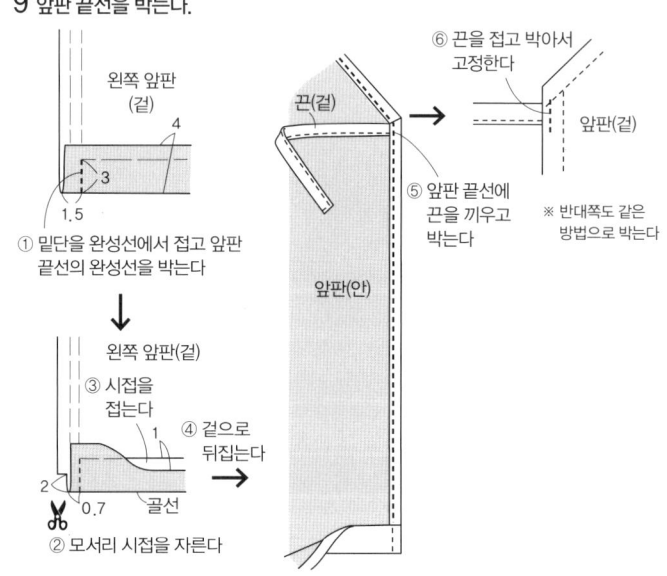

**10 밑단을 처리한다.**

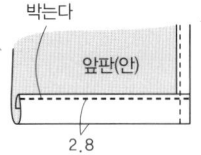

**11 소맷부리를 처리한다.**

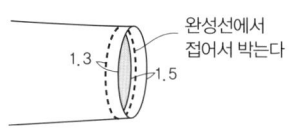